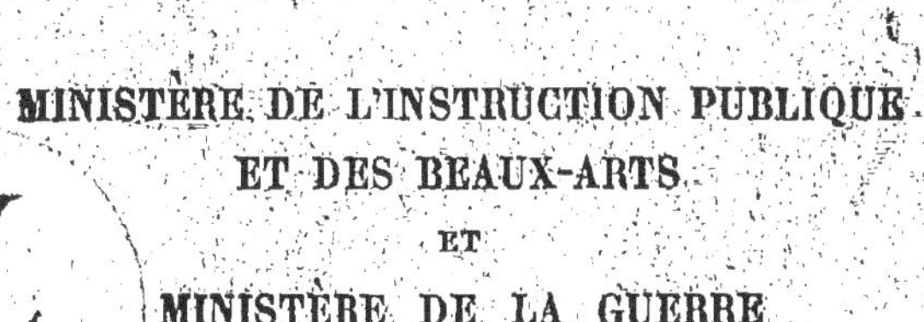

MINISTÈRE DE L'INSTRUCTION PUBLIQUE
ET DES BEAUX-ARTS

ET

MINISTÈRE DE LA GUERRE

PROJET

DE

RÈGLEMENT GÉNÉRAL

D'ÉDUCATION PHYSIQUE

DEUXIÈME PARTIE bis

ÉDUCATION PHYSIQUE SECONDAIRE

(JEUNES FILLES DE 13 À 18 ANS)

PARIS

IMPRIMERIE NATIONALE

1921

MINISTÈRE DE L'INSTRUCTION PUBLIQUE
ET DES BEAUX-ARTS
ET
MINISTÈRE DE LA GUERRE

PROJET
DE
RÈGLEMENT GÉNÉRAL
D'ÉDUCATION PHYSIQUE

DEUXIÈME PARTIE bis
ÉDUCATION PHYSIQUE SECONDAIRE

(JEUNES FILLES DE 13 À 18 ANS)

PARIS
IMPRIMERIE NATIONALE

1921

PROJET

DE

RÈGLEMENT GÉNÉRAL

D'ÉDUCATION PHYSIQUE

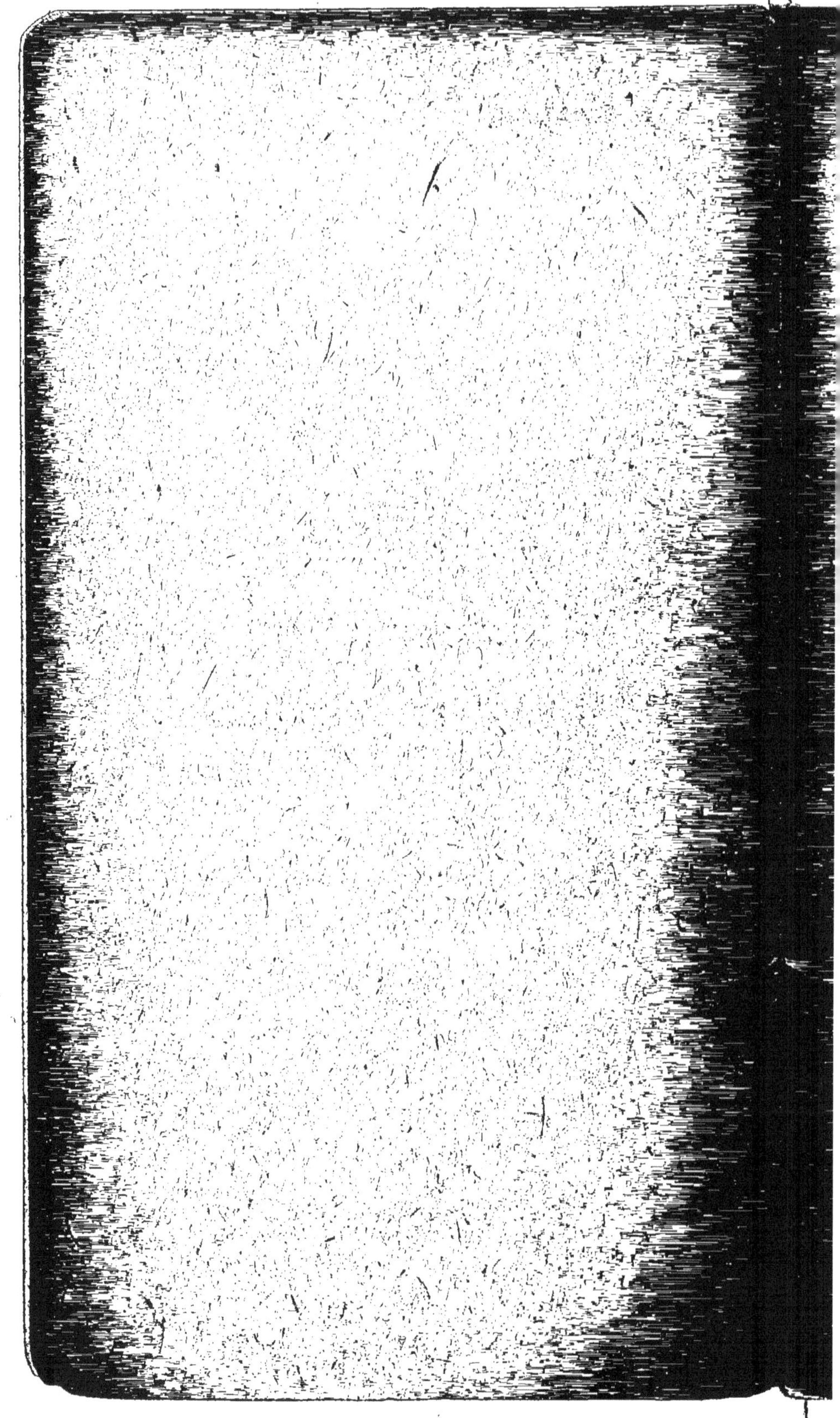

MINISTÈRE DE L'INSTRUCTION PUBLIQUE
ET DES BEAUX-ARTS
ET
MINISTÈRE DE LA GUERRE

PROJET

DE

RÈGLEMENT GÉNÉRAL

D'ÉDUCATION PHYSIQUE

DEUXIÈME PARTIE[BIS]

ÉDUCATION PHYSIQUE SECONDAIRE

(JEUNES FILLES DE 13 À 18 ANS)

PARIS

IMPRIMERIE NATIONALE

1921

PROJET DE RÈGLEMENT GÉNÉRAL
D'ÉDUCATION PHYSIQUE.

DEUXIÈME PARTIE BIS.

ÉDUCATION PHYSIQUE SECONDAIRE.

(JEUNES FILLES DE 13 À 18 ANS.)

CONSIDÉRATIONS PHYSIOLOGIQUES.

L'exercice est utile aux sujets des deux sexes, mais certaines fonctions spéciales aux filles empêchent de leur appliquer les mêmes méthodes qu'aux garçons.

Jusqu'à l'âge de 7 ans, les indications hygiéniques de l'éducation physique sont les mêmes pour les filles et les garçons, mais, dès la huitième année, des différences apparaissent qui s'accentueront de plus en plus jusqu'à l'âge adulte.

Les filles sont moins favorisées au point de vue du développement musculaire ; elles ne rechercheront pas les exercices qui demandent un certain développement de force ; leur puissance musculaire (force rénale), mesurée au dynamomètre, ne représente guère que les deux tiers de celle de l'homme.

Voici les évaluations moyennes de QUETELET qui portent sur des milliers d'observations :

ÂGE.	FEMMES.	HOMMES.	ÂGE.	FEMMES.	HOMMES.
	kilogr.	kilogr.		kilogr.	kilogr.
6 ans......	//	20	16 ans......	63	102
7 ans......	//	27	17 ans......	64	126
8 ans......	24	33	18 ans......	67	130
9 ans......	30	40	19 ans......	67	132
10 ans......	31	46	20 ans......	68	138
11 ans......	37	48	21 ans......	72	146
12 ans......	40	51	25 ans......	77	155
13 ans......	44	69	30 ans......	77	154
14 ans......	50	81	40 ans......	//	122
15 ans......	53	88	50 ans......	59	101

On ne visera pas à développer les muscles de la femme et on se gardera de lui appliquer, sans précautions, les méthodes d'éducation réservées aux jeunes gens.

Au moment de la puberté, tandis que le garçon recherche d'instinct les occasions de produire des efforts musculaires intensifs, la fille devient, au contraire, plus calme et plus réservée. Son éducation physique doit être essentiellement hygiénique.

Les efforts intenses ne lui sont point salutaires; ils la fatiguent et, s'ils sont prolongés, finissent par ruiner sa santé. Les fonctions physiologiques spéciales qu'elle a à remplir et à subir sont incompatibles avec un travail musculaire intense.

La menstruation pendant l'adolescence et, plus tard, la grossesse et l'allaitement, deviennent des causes d'épuisement quand s'y joint la fatigue musculaire.

On écartera donc de l'éducation physique de la jeune fille les exercices qui ne visent qu'au développement des muscles; ces exercices seraient, à la longue, non seulement inutiles, mais dangereux. Ils pourraient d'ailleurs altérer l'élégance de l'attitude.

La femme n'est point construite pour lutter, mais pour procréer. Il convient que, chez elle, les exercices développent surtout les régions dont il est souhaitable d'augmenter l'ampleur, c'est-à-dire la moitié inférieure du corps.

Appliquer aux jeunes filles les exercices qui tendent à concentrer le travail dans la région supérieure du corps serait une erreur au point de vue de la correction des formes féminines.

La marche, les exercices rythmiques et de suspension de courte durée avec temps d'élan, le saut à la corde, les lancers du disque, du javelot et de poids légers, les jeux de raquette (paume, tennis), le port, en équilibre sur la tête, de poids légers, l'escrime, qui ne donnent, en définitive, aux bras qu'un travail modéré et mettent surtout en action les muscles du bassin, demeurent, en principe, les exercices propres à la femme.

Tout exercice qui s'accompagne de heurts, de chocs et de coups est dangereux pour l'organe utérin. L'hygiène condamne une telle pratique.

CHAPITRE I.

BUT, PRINCIPES ET ORGANISATION DE L'ÉDUCATION PHYSIQUE ÉLÉMENTAIRE FÉMININE.

I. But. — *a*) Assurer la santé, par le développement normal des fonctions organiques. S'attacher particulièrement à la fonction respiratoire.

b) Poursuivre le développement normal des appareils nerveux et musculaire afin d'augmenter l'énergie vitale de la jeune fille.

c) Apprendre à utiliser économiquement cette énergie dans toutes les circonstances de la vie.

d) Donner le goût et l'habitude de l'exercice et de la vie au grand air.

II. Principes. — L'éducation physique secondaire repose sur les mêmes principes généraux que l'éducation physique élémentaire :

1° Détermination de groupes aussi homogènes que possible ;

2° Classification des exercices et jeux convenant à chaque groupe ;

3° Attrait des exercices ;

4° Contrôle périodique.

III. 1er principe. — Détermination des groupes homogènes. — La détermination des groupes homogènes sera faite en collaboration par le médecin et l'éducateur (1).

On envisagera deux degrés :

a) 1er degré, de 13 à 16 ans ;

b) 2e degré, de 16 à 18 ans.

Ces chiffres ne sont que de simples indications.

Le médecin, après la visite médicale du début de l'année scolaire, décidera si l'élève peut être considérée comme normale et susceptible de suivre le degré correspondant à son âge. Il peut classer d'office, dans un degré inférieur, toute élève qu'il juge en retard ou comme devant être ménagée, pendant un temps donné.

---

(1) Le terme « éducateur » doit être pris dans son sens général, qu'il s'agisse de moniteur ou de monitrice, de maître ou de maîtresse.

IV. Épreuves physiques. — L'éducateur déterminera la valeur physique de l'élève en lui faisant subir des épreuves pratiques individuelles.

Elles sont au nombre de six ou sept, variant avec le degré. Chaque épreuve est strictement individuelle et sans compétition.

Pour chaque épreuve est établie une performance limite inférieure différente avec le degré. L'élève doit dépasser toutes les performances limites sous peine de rester dans le groupe du degré inférieur.

V. Certificat élémentaire d'éducation physique. — Le certificat élémentaire d'éducation physique se passe vers l'âge de 13 ans et comprend six épreuves :

1° Course de 30 mètres ;

2° Saut en hauteur avec élan ;

3° Saut en longueur avec élan ;

4° Transport de poids sur la tête ;

5° Lancer de balles sur une cible verticale de 1 mètre carré ;

6° Exercices d'équilibre sur la poutre.

VI. Obtention du certificat. — Ne sont admises dans le cycle secondaire (1er degré) que les élèves ayant réussi :

1° A effectuer individuellement une course de 30 mètres en six secondes ou moins.

2° A sauter en hauteur avec élan 0 m. 80 ou plus (3 essais) ;

3° A sauter en longueur avec élan 2 m. 75 ou plus (3 essais) ;

4° A porter un poids de 5 kilogrammes (poids usuel à base hexagonale) en équilibre sur la tête nue, en suivant une ligne droite de 10 mètres, à faire demi-tour et à revenir au point de départ, toutes ces opérations étant exécutées sans toucher le poids et sans le laisser tomber (1) ;

5° A atteindre la cible en lançant de la main gauche 2 balles au maximum dont une placée (2) et à exécuter le même exercice de la main droite, les filles étant placées à 8 mètres de la cible.

6° A se tenir en équilibre sur une poutre placée à 1 mètre du sol, d'abord sur la jambe gauche, puis sur la jambe droite, chacun des exercices durant 5 secondes.

VII. Certificat secondaire d'éducation physique (1er degré). — Le certificat secondaire d'éducation physique

---

(1) L'usage du mouchoir pour adoucir le contact du poids sur la tête est seul autorisé.

(2) La balle est en étoupe recouverte de cuir.

(1ᵉʳ degré) se passe vers l'âge de 16 ans et comprend sept épreuves :

1° Course de 5o mètres ;

2° Course de 4oo mètres ;

3° Saut en hauteur avec élan ;

4° Saut en longueur avec élan ;

5° Lever à deux mains d'une barre à sphères ;

6° Exercice de lancement ;

7° Exercice d'assouplissement.

VIII. Obtention du certificat. — Ne sont admises dans le cycle secondaire (2° degré) que les jeunes filles ayant réussi :

1° A effectuer individuellement une course de 5o mètres en 9 secondes ou moins ;

2° A effectuer individuellement une course de 4oo mètres en 2 minutes ou moins ;

3° A sauter en hauteur avec élan o m. 9o ou plus (3 essais) ;

4° A sauter en longueur avec élan 3 mètres ou plus (3 essais) ;

5° A lever une fois au-dessus de la tête et à maintenir bras tendus pendant trois secondes une barre de 15 kilogrammes ;

6° A lancer deux balles du bras gauche, dont une placée, et deux balles du bras droit, dont une placée, sur la cible à 1o mètres (voir art. vi) ;

7° Un exercice d'assouplissement combiné pris dans le tableau des éléments de la mise en train (chap. III).

IX. Nota. — La durée des épreuves des certificats primaire et secondaire d'éducation physique sera fixée par un règlement ultérieur.

X. Fiches. — La fiche individuelle qui a été établie pour chaque fillette la suivra pendant son passage au cycle secondaire et mentionnera l'obtention des certificats.

XI. 2ᵉ principe. — Classification des exercices et jeux convenant à chaque groupe. — *Définition.* — L'éducation physique secondaire, correspondant aux groupes homogènes des 1ᵉʳ et 2° degrés, comprend pour chacun d'eux :

a) **1ᵉʳ degré, 13 à 16 ans.** — Évolutions, assouplissements combinés et dissymétriques, exercices éducatifs, exercices d'éducation du rythme ; applications simples ; suspension et appui ; petits jeux collectifs ; exercices respiratoires ; grands jeux ; natation ; éducation sensorielle.

b) **2ᵉ degré, 16 à 18 ans.** — Évolutions, assouplissements combinés et dyssymétriques; exercices rythmiques, applications simples; suspension et appui; initiation sportive; petits jeux collectifs; exercices respiratoires; grands jeux; natation; éducation sensorielle.

L'éducation physique doit être une préparation à la vie. Les exercices exécutés normalement sont :

A. Applications. — Savoir : locomotion (marche, course, saut); grimper; natation.

Autres exercices : lancer, lever et transport de poids; attaque et défense.

Chaque application demande une association de contractions et de relâchements musculaires, dans un ensemble de *synergies musculaires volontaires,* d'abord, c'est-à-dire commandées par le cerveau, rendues *automatiques* ensuite, par l'habitude.

Pour éviter tout gaspillage d'énergie, rechercher dans l'exécution *l'économie* déterminée au préalable par :

1° L'observation des sujets à l'aide de la photographie, du cinéma, etc. ;

2° Par l'étude des mouvements à l'aide de la mécanique animale.

Une application étant un ensemble de synergies musculaires, c'est-à-dire un acte complexe, il faut, pour l'apprendre, la décomposer en ses éléments.

B. Exercices éducatifs. — Ce sont des synergies musculaires qui trouvent leur place dans une application donnée et à laquelle elles préparent.

Exemple : La course étant une suite de bonds, les exercices éducatifs qui y préparent sont :

Sautillements alternatifs d'une jambe sur l'autre;
Sautillements sur place avec élévation du genou;
Élévation du bras et de la jambe opposée.

On peut donc considérer l'application comme une synthèse d'exercices éducatifs.

Les applications et les exercices éducatifs développent surtout l'adresse. Or, les gestes de la vie courante nécessitent surtout des flexions et des mouvements d'amplitude réduite.

D'autres exercices sont donc nécessaires pour la parfaite harmonie et la beauté des formes.

C. Assouplissements. — Ce sont des mouvements à effets généraux correctifs et à effets localisés sur chaque articulation et les muscles qui la commandent.

Pour donner dès le début aux mouvements leur forme naturelle (DEMENY), les exécuter d'une façon continue, sans contraction maintenue, l'articulation fonctionnant dans les différents plans avec son maximum d'amplitude.

Préparer l'organisme avant d'aborder l'application, exécuter les assouplissements au début des séances sous forme de mise en train qui comprendra :

a) Évolutions (exercice de discipline collective);

b) Assouplissements : bras, jambes, tronc (effets localisés), combinés (effets généraux), dissymétriques (coordination du système nerveux; indépendance des mouvements).

c) Assouplissement de la cage thoracique (effets correctifs);

D. En vue de conserver à la méthode l'attrait indispensable et son but de développement, les assouplissements, les exercices éducatifs et les applications sont complétés soit par les petits jeux de leçons, soit par les séances de grands jeux, puis, lorsque l'âge le permet, par les sports individuels et les sports collectifs.

XII. 3e Principe. — Attrait des exercices. — L'éducateur aura soin de rendre l'éducation physique du cycle secondaire particulièrement attrayante.

Il y parviendra par l'introduction de jeux, au moment opportun, dans le courant de la leçon, par le choix judicieux des exercices qu'il variera fréquemment et surtout par l'émulation et l'entrain qu'il provoquera dans sa classe.

XIII. 4e Principe. — Contrôle périodique. — L'éducation physique secondaire sera contrôlée comme celle du cycle élémentaire, deux fois dans l'année : avant les vacances de Pâques et avant les grandes vacances.

Le médecin, à la suite de sa visite, dont les résultats seront consignés sur les fiches individuelles, donnera des indications sur l'état général des élèves. Ces indications aideront l'éducateur à doser son travail pendant la période scolaire suivante et à fixer le niveau de l'examen de fin d'année qu'il fera subir à ses élèves.

Cet examen, qu'il serait dangereux et prématuré de transformer en concours, sera, d'après le degré, du genre des certificats détaillés aux articles 5, 6, 7 et 8.

CHAPITRE II.

PROGRAMME ET OBSERVATIONS RELATIVES À L'ENSEIGNEMENT.

XV. Programme. — L'éducation physique secondaire est donnée par leçons complètes, par séances d'études, par des séances de jeux, soit dans les salles fermées ou dans les cours, soit sur des terrains de jeux appropriés.

Ces séances commencent invariablement par une mise en train et se terminent toujours par un retour au calme.

XVI. Observations générales. — La séance d'éducation physique sera autant que possible journalière et durera environ 3o minutes. Elle sera exécutée en dehors des récréations et au moins deux heures après les repas. Un seul éducateur ne pourra donner la leçon à plus de 4o élèves à la fois.

Emplacement. — L'éducation physique se donne autant que possible en plein air, soit sur un terrain gazonné, soit dans une cour et, seulement en cas de mauvais temps, sous un préau ou dans un gymnase couvert. Le sol du préau devra être nettoyé tous les jours.

Tenue. — Tête nue, espadrilles, ni ceintures caoutchoutées, ni corsets. Une tunique ample et une culotte descendant toutes deux au-dessous du genou.

XVII. Mise en train. — La mise en train se compose d'exercices doux, d'énergie croissante : évolutions, assouplissements des bras, des jambes et du tronc (simples d'abord, combinés ou dissymétriques ensuite) et assouplissements de la cage thoracique. Les mouvements des bras se feront sur place, en marchant et en courant (course légère).

Pendant cette première partie du travail, on veillera spécialement, s'il y a lieu, à corriger les mauvaises attitudes.

XVIII. Leçon proprement dite. — La leçon proprement dite comprend une suite d'exercices préparant aux sept familles d'applications ayant une utilité pratique dans la vie normale :

1° Marcher ;

2° Grimper, escalader, équilibre ;

3° Courir ;

4° Lever, porter ;

5° Sauter ;

6° Lancer ;

7° Exercices d'opposition deux à deux.

XIX. Retour au calme. — Le retour au calme se compose d'exercices d'énergie décroissante : évolutions, marche lente avec mouvements de bras et exercices respiratoires, marche avec chant servant de contrôle. Il se prolonge jusqu'à ce que le calme soit rétabli dans l'organisme.

XX. Qualités de la leçon complète. — La leçon complète doit, en principe, se faire au grand air. Elle commence toujours par la mise en train et se termine par le retour au calme et doit être **continue, alternée, graduée, ai-**

trayante et **disciplinée.** La leçon est **continue,** quand elle n'est coupée par aucun autre repos que le changement d'exercices ou les exercices respiratoires destinés à combattre l'essoufflement exagéré. La leçon est **alternée,** quand elle présente une succession d'exercices intéressant alternativement le train supérieur et le train inférieur. La leçon est **graduée** en intensité, quand l'énergie des exercices va, dès la mise en train, en croissant jusqu'au deux tiers de la leçon et en décroissant jusqu'au retour au calme. Elle est graduée en difficulté quand, dans le cours de l'instruction, elle comprend des exercices de plus en plus difficiles.

La leçon est **attrayante,** quand les exercices, dans chaque famille d'applications, sont fréquemment variés et quand les jeux introduits pendant la leçon, en temps opportun pour réveiller l'intérêt des élèves, sont réellement joués et non traités comme un exercice.

La leçon est **disciplinée** quand elle est dirigée avec fermeté et ordre.

XXI. Séance d'étude. — La séance d'étude est une leçon partielle ayant pour but d'apprendre sans hâte des éléments nouveaux ou de rectifier certains exercices mal exécutés par les élèves.

Les séances d'étude ont leur place naturelle au début de l'année scolaire et ne cessent qu'après la connaissance suffisante d'éléments permettant l'exécution convenable de leçons complètes. Elles doivent être reprises chaque fois qu'elles sont jugées nécessaires, car la perfection du mouvement est plus utile que sa répétition mal exécutée. Elles doivent posséder le plus possible les qualités énoncées à l'article XX.

XXII. Séances de jeux. — Les séances composées uniquement de grands jeux remplacent une ou deux fois par semaine les leçons complètes et les séances d'étude. En même temps qu'elles sont un excellent moyen de récompense, ces séances développent l'initiative, l'émulation et par les jeux d'équipe, la solidarité et l'esprit d'ordre.

Elles sont limitées à une durée de 45 minutes, précédées par une mise en train et terminées par un retour au calme, comme toutes les autres séances d'éducation physique.

Les grands jeux, où l'effort individuel est plus libre que dans les petits jeux de leçons, seront surveillés attentivement par l'éducateur, qui aura soin de les modérer ou de les interrompre quand il le jugera à propos.

Les compétions seront de courte durée et elles seront surveillées très attentivement par l'éducateur.

XXIII. Natation. — La natation fait également l'objet de séance spéciales.

Les leçons de natation sont du même type que celles d'éducation physique proprement dite.

XXIV. **L'éducation sensorielle**, qui fait déjà partie des exercices scolaires, est pratiquée soit au cours d'une promenade, soit au cours d'un déplacement nécessaire pour gagner le terrain de jeux par exemple.

XXV. **Composition de la leçon complète.** — La leçon, comme il a été vu, comporte trois parties :

1° La mise en train ;
2° La leçon proprement dite ;
3° Le retour au calme.

Chacune de ces parties comprend un certain nombre d'exercices classés dans les tableaux des chapitres suivants, par ordre de difficulté croissante.

1. Pour composer la mise en train, l'éducateur choisit dans le tableau d'éléments, chapitre III, des exercices de marche de plus en plus intenses, variés et progressifs ; puis un assouplissement dans chacune des catégories, bras, jambes, tronc, dissymétriques et termine par un assouplissement de la cage thoracique.

Au début, il choisira des exercices simples et faciles. Ces mouvements prépareront aux assouplissements combinés, sur lesquels il insistera particulièrement quand l'instruction sera plus développée.

2. Pour composer la leçon proprement dite, l'instructeur commence par mettre les sept familles d'applications dans l'ordre indiqué par l'article XIX, puis, en tenant compte de leur difficulté, il choisit dans les tableaux d'éléments, d'après le régime correspondant à chaque degré, un exercice éducatif ou une application pour chaque famille (1). Il prend enfin deux jeux, un dans chaque série, qu'il se réserve d'introduire dans le courant de la leçon, soit comme récompense, soit comme dérivatif.

3. Pour composer le retour au calme, l'éducateur choisit deux ou trois exercices de marche, une marche lente, com-

---

(1) La conduite d'une leçon est surtout une question de pratique pédagogique de la part de l'éducateur. La meilleure manière de se rendre compte de l'intensité d'un exercice est de l'exécuter soi-même. En outre, l'observation attentive des élèves, l'apparition normale d'un léger essouflement ou de la sueur donnent également de précieuses indications.

Avant la leçon, faire moucher, uriner, etc., examiner la propreté du corps et faire laver la peau, s'il y a lieu, pour faciliter sa fonction au cours de la leçon.

Mise en train. — Vive par temps froid ou humide, lente par temps chaud et normal.

Leçon proprement dite. — Consacrer les premières séances à l'étude des exercices et jeux choisis pour composer la première leçon complète. Dans la leçon complète, conduire les exercices et jeux de façon à ne pas prolonger les uns aux dépens des autres. En principe, cesser un exercice ou jeu dès qu'il a produit l'effet voulu. Exiger peu à peu le silence et l'ordre dans les exercices. Au contraire, laisser une détente complète dans les jeux (rire, crier, etc.).

Soigner particulièrement le développement respiratoire nasal.

binée ou non avec des mouvements de bras, avec exercices respiratoires, et termine par une marche avec chant.

XXVI. Composition d'une séance d'étude. — Pour composer une séance d'étude, l'éducateur se reportera à l'article xxiv pour la mise en train et le retour au calme.

La leçon proprement dite pourra ne pas comporter des exercices intéressant les sept familles d'application.

Mais en considérant que la marche, la course et le saut intéressent particulièrement le train inférieur, que le lever et le lancer intéressent spécialement le train supérieur et que les exercices d'opposition deux à deux intéressent les deux régions, l'éducateur aura soin de combiner sa leçon de façon qu'elle comprenne une série d'exercices intéressant le train supérieur et le train inférieur.

XXVII. Composition d'une séance de jeux. — Pour composer une séance de jeux, l'éducateur se reportera à l'article xxiv pour sa mise en train et le retour au calme.

Il choisira un ou deux jeux dans le tableau des jeux, en consultant le goût des élèves, car ces séances ayant un but attrayant en même temps qu'un but hygiénique, il est préférable de laisser aux exécutants l'initiative du choix.

XXVIII. Conduite de la leçon :

1° **Mise en train.** — La mise en train est plus ou moins longue, plus ou moins vive, suivant la durée de la leçon et l'état de l'atmosphère. Les assouplissements sont exécutés, après la démonstration de l'éducateur, à son commandement.

L'éducateur indique un rythme plus ou moins lent suivant l'importance des masses musculaires à mouvoir.

Chaque élève s'exerce individuellement sans rechercher l'ensemble dès le début, mais en s'efforçant d'atteindre la cadence indiquée.

Ces assouplissements sont exécutés d'une façon continue avec toute l'amplitude possible et dans tous les plans.

L'éducateur corrige les mauvaises attitudes, veille au redressement des courbures exagérées de la colonne vertébrale, à la fixation des épaules en arrière et au jeu de la cage thoracique.

Il fait exécuter au cours de chaque leçon quelques mouvements d'ensemble pour l'éducation du système nerveux.

2° **Leçon proprement dite.** — L'éducateur, suivant le programme de leçon qu'il s'est tracé, a soin de ne pas prolonger certains exercices aux dépens des autres et exige que les jeux cessent aussitôt qu'il en a donné le signal.

Les exercices éducatifs et les applications sont exécutés individuellement ou collectivement.

L'éducateur veille aux attitudes et à la correction des mouvements, fait rythmer la respiration sur la cadence des exercices et fait exécuter des exercices respiratoires chaque fois que le besoin s'en fait sentir, surtout après le saut, le lever et la course qui peuvent provoquer un essoufflement exagéré.

L'inspiration et l'expiration se font de préférence par le nez.

La leçon en salle ne doit comporter ni courses, ni jeux demandant une grande dépense d'énergie.

3° **Retour au calme.** — L'éducateur prolonge la marche lente avec exercices respiratoires jusqu'à ce qu'il estime le calme rétabli dans la respiration et la circulation. Il interrompra momentanément la marche avec chant, qui est une marche de contrôle, s'il constate la persistance de l'essoufflement et reprendra les exercices respiratoires.

XXIX. **Hygiène corporelle.** — Toutes les fois que ce sera possible, le retour au calme sera suivi d'une ablution d'eau froide ou tiède suivant la saison, d'un séchage de la peau et de frictions.

XXX. **Rôle de l'éducateur.** — *Commandements.* — L'éducateur exécute lui-même l'exercice, le commande et le rectifie s'il y a lieu.

Il se place de façon à voir tous ses élèves et à être vu d'eux.

a) Pour l'exécution des mouvements, l'éducateur obtient l'attention des élèves par le commandement : *Attention.* Il exige aussitôt l'immobilité.

À l'imitation, il énonce le mouvement, dit : *Faites comme moi* et exécute.

Au commandement, il indique et montre l'exercice à faire et commande au besoin : *En position,* puis : *Commencez.*

Les élèves s'exercent jusqu'au commandement : *Cessez.*

Pour les mouvements d'ensemble, les commandements sont : *Attention,* — *Ensemble,* — *Commencez,* — *Cessez.* L'éducateur donne alors la cadence à haute voix.

Il évite de compter sans cesse, à moins qu'il ne s'agisse spécialement d'exercices rythmés. Il fait varier le rythme.

Le commandement *Cessez* comporte le retour à la position de départ.

Dans les déplacements, les élèves marchent en ordre, au pas librement, mais chacun a sa place dans le groupe.

Le sifflet peut remplacer les commandements quand les élèves sont bien exercés.

b) Pour les jeux, l'éducateur indique le jeu en disant : *Nous allons jouer à tel jeu,* — *Commencez,* — *Cessez.*

L'éducateur doit, en tenant compte du programme général, composer ses leçons d'avance, les préparer matériellement, suivant les circonstances, et penser aux formations qu'il fera prendre, de façon que ses leçons se déroulent avec ordre et avec fruit et sans perte de temps nuisible.

L'éducateur s'imposera à ses élèves par sa tenue, par son entrain et par ses capacités.

CHAPITRE III.

TABLEAU DES ÉLÉMENTS.
EXEMPLES DE LEÇONS DU CYCLE SECONDAIRE.

Durée de la leçon : 3o à 45 minutes.
1er degré : 13 à 16 ans.
2e degré : 16 à 18 ans.

XXXI. **But.** — Au cours du 1er degré, obtenir le perfectionnement du système nerveux en même temps que le développement harmonieux du système musculaire; au cours du 2e degré, l'économie dans les applications.

1er DEGRÉ : 13 À 16 ANS.

XXXII. **Programme.** — Leçons :
Assouplissements simples, puis combinés.
Exercices dissymétriques.
Exercices éducatifs.
Exercices rythmiques.
Applications simples.
Petits jeux collectifs.
Exercices respiratoires.
Grands jeux, natation.
Éducation sensorielle.
Une ou deux séances de grands jeux par semaine.

XXXIII. **Régime de la leçon.** — En principe, un exercice éducatif ou une application par famille dans la proportion de trois exercices éducatifs pour quatre applications et deux petits jeux collectifs dans le courant de la leçon.

La leçon doit être composée différemment suivant les lieux : salle fermée, cour de l'établissement, terrain de jeux.

2e DEGRÉ : 16 À 18 ANS.

XXXIV. **Programme.** — Leçons :
Assouplissements combinés.
Exercices dissymétriques.
Exercices rythmiques.
Applications.
Étude des sports.
Petits jeux collectifs.
Exercices respiratoires.
Grands jeux, étude des jeux sportifs, natation.
Éducation sensorielle.
Deux séances de grands jeux ou d'étude de jeux et d'exercices sportifs par semaine.

XXXV. Régime de la leçon. — En principe, une application par famille et deux petits jeux collectifs dans le courant de la leçon.

XXXVI. Retardataires. — Les élèves déclarées retardataires à la suite de l'examen médical, ainsi que celles déclarées insuffisantes à la suite de l'examen pratique, suivront le degré inférieur à leur âge.

TABLEAU DES ÉLÉMENTS.

MISE EN TRAIN.

1. Marche des gymnastes (en se séparant à droite et à gauche).
2. Marche sur la pointe des pieds.
3. Marche allongée avec grand balancement des bras.
4. Marche en avant, en arrière, de côté, oblique.
5. Marche avec circumduction des épaules.
6. Marche en flexion du tronc.
7. Marche normale (à cadences différentes).
8. Marche avec battements de pieds.
9. Marche avec changement de pas.
10. Évolutions.
11. Passer de la marche à la course et de la course à la marche.

Bras. — Assouplissements (1).

Les exercices ci-après se font d'abord sur place, puis en marchant et en courant.

1. Élévation horizontale (verticale) des bras tendus (différents plans).
Le même avec flexion et extension de la main (mains souples).
Le même avec pronation et supination de la main.
2. Élévation avant des bras tendus (différents plans) et écartement latéral.
Le même avec flexion et extension de la main.
3. Élévation latérale des bras et flexion des avant-bras dans un plan horizontal.

---

(1) Voir en outre l'annexe III du présent règlement, page 33, «Exemples de mouvements complets et continus.»

4. Le même avec flexion des avant-bras dans un plan vertical.

5. Balancement des bras d'avant en arrière, avec légère flexion des membres inférieurs; avec élévation jambes avant, bras en arrière; avec élévation jambe arrière, bras verticaux.

6. Circumduction des bras d'avant en arrière, d'arrière en avant (cercles de diamètres différents).

7. Le même, les bras décrivant des spirales.

8. Exécuter 1 et 2 en décrivant une suite de petits cercles de même diamètre.

9. Circumduction des bras devant le corps, bras parallèles. Le même bras tendus, croisés.

10. Circumduction des bras fléchis, mains passant devant le corps, puis à toutes les hauteurs.

11. Circumduction en huit (8) des bras tendus horizontalement ou verticalement.

12. Cercle des épaules d'avant en arrière et d'arrière en avant.

Jambes. — Assouplissements.

1. Élévation avant du genou avec flexion et extension du pied, puis extension de la jambe en arrière.

2. Élévation arrière et flexion de la jambe.

3. Élévation du genou et extension de la jambe (dans les différents plans).

4. Élévation avant et écartement latéral du genou avec extension et flexion du pied.

5. Élévation de la jambe tendue dans les différents plans.

6. Élévation de la jambe tendue en décrivant une spirale.

7. Circumduction de la jambe.

8. Élévation sur les talons. Élévation sur la pointe des pieds; demi-flexion et extension des jambes, genoux écartés, lentement, puis vivement.

9. Le même avec genoux joints, lentement, puis vivement.

10. Flexion des jambes, extension latérale de la jambe, la main opposée étant à terre.

11. Fente en avant, tendue, croisée, fléchie à fond.

12. Fente de côté, tendue, croisée, derrière, à fond.

13. Fente en arrière, tendue, croisée à fond, fléchie à fond.

14. Balancements progressifs de la jambe d'avant en arrière.

Tronc. — Assouplissements.

1. Sur le dos : élévation d'une jambe avec flexion et extension du pied (1).

2. Sur le dos : élévation des genoux, extension des jambes avec flexion et extension du pied (1).

3. Sur le dos : élévation alternative des jambes avec flexion et extension du pied (1).

4. Assis, jambes écartées : *a*) rotation du tronc ; *b*) flexion et extension du tronc (1).

5. Flexion et extension du tronc.

6. Flexion et extension latérale du tronc.

7. Circumduction du tronc.

8. Étant en station demi-écartée, circumduction du tronc en spirale.

9. Passage de la fente avant à la fente arrière d'un mouvement continu.

10. Passage de la fente latérale droite à la fente latérale gauche d'un mouvement continu.

Mouvements combinés.

1. Les mouvements de bras en marchant.

2. Les mouvements des bras avec flexion des membres inférieurs.

3. Les mouvements des bras avec élévation du genou.

4. Les mouvements des bras avec élévation de la jambe.

5. Les mouvements des bras avec fente fléchie.

6. Les mouvements de bras avec flexion et extension du tronc.

7. Les mouvements de bras avec rotation du tronc.

8. Les mouvements de bras avec circumduction du tronc.

Dyssymétrie.

1. Simultanément : élévation horizontale d'un bras, latérale de l'autre.

2. Simultanément : élévation latérale d'un bras, verticale de l'autre.

3. Circumduction des bras en sens opposé.

4. Mouvements de bras avec un temps de retard.

5. Exécuter 1, 2, 3, 4 en marchant.

---

(1) Les exercices 1, 2, 3 et 4 ne seront exécutés que dans la tenue prescrite à l'article XVI, paragraphe « Tenue », page 12.

6. Exécuter 1, 2, 3, 4 avec flexion des jambes.
7. Exécuter 1, 2, 3, 4 avec élévation du genou.
8. Exécuter 1, 2, 3, 4 avec élévation de la jambe.

Respiration.

1. Avec circumduction des épaules.
2. Avec élévation des bras fléchis.
3. Avec élévation des bras tendus.
4. Avec flexion et extension du tronc.
5. Respiration abdominale, l'élève couchée sur le dos, bras étendus obliquement, au dessus du plan des épaules.

Nota. — Tous les assouplissements, les mouvements combinés et les mouvements dissymétriques peuvent se faire avec accompagnement de musique.

LEÇON PROPREMENT DITE.

1° Marche.

a) *Exercices éducatifs :*

Marche sur la pointe des pieds.
Marche en avant, en arrière, de côté, oblique.
Marche avec circumduction des épaules.
Marche avec élévation du genou.
Marche allongée, tronc droit avec balancement des bras (1).
Marche allongée, tronc fléchi, avec balancement des bras.
Marche en extension.

b) *Applications :*

Marche allongée rapide.
Marche en flexion du tronc.
Marche avec demi-flexion des jambe
Marche en descendant.
Marche en terrain varié.

2° Grimper, escalader, équilibre.

EXERCICES ÉDUCATIFS.

a) *Équilibre :*

Station sur un pied, mouvements continus, circulaires de la jambe dans les différents plans : élévation du genou et

______

(1) Tronc incliné dans le prolongement de la jambe arrière.

extension en arrière ; cercle de la jambe dans les plans verticaux et dans les plans horizontaux ; spirale de la jambe ; élévation de la jambe dans différents plans verticaux. Équilibre en avant, extension de la jambe arrière.

Enchaînement d'équilibres. — Équilibre de côté, équilibre en arrière avec mouvements des bras.

b) *Suspension et appui :*

Suspension inclinée, traction des bras.

Suspension inclinée, élever le genou fléchi, étendre la jambe.

Suspension inclinée, élever la jambe tendue.

Mêmes mouvements avec traction des bras.

Sauter à la suspension allongée à une ou deux barres. Sauter à terre. Exécuter le mouvement plusieurs fois.

Suspension allongée à une ou deux barres, élévation du genou fléchi.

Suspension allongée à une ou deux barres, élévation de la jambe tendue.

Suspension allongée à une ou deux barres, élévation des genoux fléchis.

Suspension allongée à une ou deux barres, élévation des genoux, extension des jambes.

Mêmes mouvements avec traction des bras.

Suspension allongée, circumduction des jambes tendues.

Appui sur une barre.

Appui incliné sur une barre, flexion et extension des bras.

Debout, appui contre un mur, flexion et extension des bras.

Étant à l'appui tendu, franchir la barre en passant à droite, à gauche, entre les bras (1).

Sauter à l'appui tendu sur les barres, puis à terre ; sauter à l'appui tendu sur une barre, puis à terre ; sauter à l'appui tendu sur les deux barres et s'asseoir devant une main, sauter à terre.

Appui tendu : flexion et extension alternative des jambes ; élévation alternative des jambes étendues.

Appui tendu sur une barre : élever lentement une jambe tendue de côté.

Appui tendu sur deux barres : élévation de la jambe étendue et la porter latéralement au-dessus de la barre.

Étant en appui tendu, les pieds sur les barres en arrière des mains, progresser en avant et en arrière.

---

(1) La série des exercices éducatifs ci-dessus peut être pratiquée en utilisant les divers agrès dont on dispose.

Appui tendu sur deux barres, progresser en avant et en arrière, en déplaçant alternativement les mains avec flexion alternative des jambes.

c) Applications :

Aux barres parallèles : Étant à l'appui tendu sur les deux barres, franchir en voltige, à droite et à gauche, après balancement en avant et en arrière.

Étant en suspension allongée à deux barres, progression en avant, en arrière avec balancement.

A l'échelle horizontale. Translation latérale avec balancement.

A l'échelle horizontale, les mains aux échelons. Translation latérale avec balancement : *a*) En passant un ou deux échelons; *b*) Mouvement de la brasse.

Grimper aux échelles obliques, droites, avec et sans les pieds.

Descendre sans les pieds.

Grimper à (une ou) deux perches avec les mains et avec les jambes.

Grimper à (une ou) deux cordes avec les mains et avec les jambes.

Descendre sans l'aide des jambes.

Suspension et balancement aux anneaux et au trapèze, les pieds touchant le sol pour prendre l'élan.

3° Course.

a) Exercices éducatifs :

Sautillements d'une jambe sur l'autre, avant, arrière.

Balancement avant, arrière, oblique, latéral de la jambe.

Sautillements d'une jambe sur l'autre avec élévation du genou.

Le même avec balancement normal des bras dans la course.

Élévation rapide du genou près de l'épaule et extension complète de la jambe en avant.

Évolutions en courant, en avant, en arrière, latéralement, avec élévation des genoux.

Courir, s'arrêter, repartir dans une direction quelconque.

Étude de la foulée en marchant.

Étude de la foulée en courant.

Étude de la foulée avec deux ou trois bonds.

Passage du témoin (course de relais).

b) *Applications :*

Course de 5o mètres, 6o mètres, 8o mètres, 1oo mètres.
Course en foulées.
Course par bonds.
Course avec crochets.
Course en montant, en descendant.
Course en terrain varié.
Course relais en terrain varié.

4° Lever, porter.

a) *Exercices éducatifs :*

Fente fléchie en avant, de côté, en arrière, avec élévation des bras soit étendus, soit arrondis.

Mouvements du tronc (continus): flexion et extension lentes; flexion latérale lente; flexion et extension dans les plans avant, arrière, obliques, latéraux; circumduction; mouvement en spirale; mouvement en 8 horizontal d'avant en arrière; mouvement en 8 horizontal latéral, flexion et torsion avec mouvements latéraux des bras.

Appui, face en avant, la barre un peu au-dessus de la ceinture, flexion et extension du tronc, mains aux épaules.

Dos à la barre, extension du tronc, mains aux épaules et extension des bras.

Flexion et extension du tronc et mouvement des bras, la barre située à différentes hauteurs.

Exercices de flexion latérale et de torsion du tronc.

Passe-passe avec ballon (compétition) de côté.

Passe-passe en colonne, entre les jambes, par-dessus la tête, de côté.

Passe-passe sur une échelle.

Appui sur les épaules de deux compagnes.

Porter sur les épaules une camarade en appui tendu.

Soulever à deux une camarade raidie, couchée à terre, en la prenant sous les bras.

Placer debout à deux une camarade raidie, couchée à terre, en la prenant sous les bras.

Soulever à deux une camarade raidie, couchée à terre, en la prenant sous la nuque.

b) *Applications :*

Lever de pierres, de poids, d'haltères, à deux mains (25 kilogr. au maximum).

Lever de pierres, de poids, d'haltères, à une main (15 kilogr. au maximum).

Charger un sac sur les bras, sous un bras, sur l'épaule, sur la nuque, sur la tête,

Porter une camarade à deux (la chaise à porteurs et autres manières).

Exercices de passe-passe avec objets lourds (20 kilogr. au maximum).

5° Saut.

a) *Exercices éducatifs* (1) :

Sautillements sur place, jambes tendues :

Sautillements sur place avec écartement latéral, avant, arrière des jambes.

Mêmes mouvements avec balancements coordonnés des bras.

Sautillements sur place avec croisement des jambes.

Sautillements en avant et en arrière.

Sautillements latéraux.

Sautillements en saut cambré avec mouvement de balle (jonglerie).

Sautillements successifs avec extension du tronc et élévation verticale des bras.

Sautillements sur un pied en balançant alternativement les jambes de côté.

Sautillements sur un pied en balançant une jambe en avant, puis l'autre en arrière.

Balancement des bras avec flexion coordonnée des jambes.

Mêmes mouvements et impulsion avec circumduction des bras.

Sauts sur place avec élévation des genoux.

Sauts avec élévation alternative des jambes tendues.

Sautillements en progressant : avec balancement latéral du tronc, mains à la nuque ; avec balancement du tronc et balancement latéral des deux bras ; avec élévation d'un bras et flexion de l'autre devant le corps ; avec élévation des deux bras ; avec mouvement en 8 horizontal.

Élévation sur la pointe des pieds, flexion des jambes, avec élévation des bras (chute).

Saut sur place et chute à droite et à gauche, en arrière.

Saut en longueur, en hauteur, avec un, deux ou trois pas d'élan.

Saut en longueur, en hauteur, avec élan (pied d'appel imposé).

---

(1) En plus de ces exercices, étudier certains pas chorégraphiques rythmés en musique.

Sauts successifs en longueur, en hauteur.

Sauts successifs sur un pied et en changeant de pied.

●

6° **Lancer.**

a) *Exercices éducatifs :*

Station demi-écartée, circumduction alternative des bras, d'avant en arrière, d'arrière en avant.

Station demi-écartée, circumduction simultanée des bras d'avant en arrière, d'arrière en avant.

Station demi-écartée, rotation du tronc avec mouvements des bras.

Même mouvement en combinant rotation et flexion du tronc.

Même mouvement avec mouvements des bras.

Geste de lancer la balle, la pierre, bras fléchi.

Geste de lancer la balle, la pierre, bras tendu.

Geste de lancer la balle par en bas.

Geste de lancer le javelot.

Geste de lancer le javelot avec changement de pied.

Geste de lancer le javelot avec changement de pied et avec élan.

b) *Applications :*

Jonglage individuel avec une, deux, trois balles.

Lancer la balle en l'air, pivoter sur place, la rattraper.

Marcher ou courir en faisant rebondir la balle à terre et en la rattrapant d'une main, puis de l'autre.

Sautiller, faire rebondir la balle à terre, la rattraper, la lancer en l'air en faisant une circumduction des bras, la rattraper.

Jonglage à deux avec une, deux, trois balles.

Jonglage individuel avec un poids, avec flexion des bras.

Même exercice avec flexion des jambes.

Même exercice avec flexion du tronc.

Mêmes exercices en marchant.

Jonglage à deux avec un poids.

Lancer de balles ou de pierres (longueur, hauteur, précision).

Lancer de poids, de pierres, de ballon à deux mains, en avant, en arrière, de côté.

Lancer de ballon avec la main, avec le pied, avec la tête.

Passe de ballon, de pied ferme, en marchant, en courant.

Lancement du poids (3 kilgr., 5 kilogr.).

Lancement du javelot, longueur et précision (cible).

3.

7° Exercices d'opposition.

a) *Exercices éducatifs :*

Résistance : à l'extension de la tête et du cou ; à la flexion de l'avant-bras ; à l'extension de l'avant-bras ; à l'élévation des bras ; à l'écartement latéral des bras ; à l'adduction et à l'abduction des membres inférieurs.

Résistance : à la flexion de l'avant-bras au moyen d'une corde à poignées ; à l'élévation des bras au moyen de deux cordes à poignées ; à l'écartement latéral des bras au moyen de deux barres à sphères. Mouvement de manivelle avec deux cordes ou deux bâtons, les deux élèves se faisant face.

Lutte d'épaules (répulsion).

Lutte de côté (répulsion).

Lutte dos à dos (répulsion).

Lutte d'opposition deux à deux par les bras.

Prise de poignets (traction) ; dégagement.

Lutte de poignets (traction).

Prise des avant-bras (traction).

Pousser par derrière une camarade qui résiste.

b) *Applications :*

Lutte à la corde (traction) par équipes.

Lutte à la corde (traction).

8° Petits jeux collectifs.

(Voir description, Annexe IV.)

1. La chandelle.
2. Le chat et la souris.
3. Les coins (sur un pied).
4. Les coins à pieds liés.
5. Petits paquets.
6. La chaise à porteurs.
7. La poursuite à cloche-pied.
8. Le chat malade.
9. Le chat coupé.
10. Le chat perché.
11. L'épervier.
12. L'anguille.
13. Pile ou face.
14. La navette (deux manières).

15. Le va-et-vient.
16. Relai.
17. Le loup et l'agneau.
18. Pigeon-vole modifié.
19. Le coupe-jarret (deux manières).
20. La balle en posture.
21. L'esquive-ballon (main, pied).
22. La balle au terrain.
23. La balle au mur.
24. La balle au chasseur.
25. Le chat suspendu.
26. Les deux camps collectifs.
27. Chandelles empoisonnées.
28. Les grâces.
29. Le volant.
30. Le diabolo.

9° **Retour au calme.**

Marche lente avec exercices respiratoires.
Marche avec chants.
Marche au pas cadencé.
Évolutions.

10° **Grands jeux.**

(Voir description, annexes IV.)

1. Les barres.
2. La balle au camp.
3. La grande thèque.
4. Le hockey.
5. Le ballon (mains).
6. Le ballon (pieds).
7. Le volley-ball.
8. Le basket-ball.
9. Le tennis.

Nota. — Ajouter aux exercices, soit de marche, de course ou de saut, la danse (pas piqués, pas fléchis, gavotte et menuet simplifiés et certains pas chorégraphiques rythmés avec la musique).

ANNEXES.

ANNEXE I.

EXEMPLES DE LEÇONS.

1° Âge de 13 à 16 ans (1er degré).

(Durée : 3o à 45 minutes.)

PROGRAMME.

Évolutions.
Assouplissements simples, puis combinés et dyssymétriques.
Exercices éducatifs.
Exercices d'éducation du rythme.
Applications simples.
Petits jeux collectifs.
Exercices respiratoires.
Grands jeux, natation, éducation sensorielle.

RÉGIME.

I. Mise en train.

II. Leçon proprement dite complète (un exercice éducatif ou une application par famille, trois exercices éducatifs, quatre applications et deux jeux collectifs).

III. Retour au calme.

LEÇON.

(Durée : 3o à 35 minutes.)

I. Mise en train :

Rassemblement par tailles, en colonne par une. Numérotez-vous. Marche en colonne par une, par deux, par quatre, revenir par deux, par une, en marquant le pas, puis en marchant.

Bras. — Élever les bras étendus jusqu'à la verticale en décrivant six cercles de o m. 35 à o m. 4o de diamètre à l'élévation, et six à l'abaissement.

Jambes. — Élévation sur la pointe des pieds, flexion et extension des jambes en comptant 4 temps, le 4e pour reposer le talon sur le sol.

Tronc. — Position de départ : bras élevés et fente latérale tendue ; flexion et extension du tronc.

Mouvement asymétrique. Élévation d'un bras, mains aux épaules. Bras à la verticale, main à l'épaule, bras en bas ; l'autre bras exécutant le même exercice avec un temps de retard.

II. Leçon proprement dite.

1. *Marcher.* — Marcher sur les pointes, marcher sur les talons, pas cadencé; dix pas en avant, dix pas en arrière.

2. *Grimper.* — Echelle horizontale ou barre double. Suspension allongée, progression latérale (à vos places, sur rangs).

Equilibre sur la jambe droite légèrement fléchie, la jambe gauche étendue en arrière, corps penché en avant, le bras droit arrondi au dessus de la tête.

3. *Courir.* — Courir, s'arrêter, repartir au coup de sifflet.

4. *Lever-porter.* — Passer de la fente avant fléchie à la fente arrière fléchie avec mouvement des bras.
La chaise à porteur à trois.

5. *Sauter.* — Préparation au saut sur place. Saut les jambes coupées.

6. *Lancer.* — Circumduction vive d'un bras.

7. *Attaque et défense* ou exercices d'opposition. [illegible] face à face avec prise des épaules, les bras étendus.

III. Retour au calme.

Marche lente avec mouvement des épaules en avant en arrière et respiration — continuer la marche avec exercices [illegible] (annexe III).

OBSERVATION IMPORTANTE. — Dans le courant de la leçon, l'élève exécute les exercices respiratoires chaque fois qu'il en a besoin.

Par semaine. — Faire une ou deux séances de jeux [illegible] et de grands jeux.

Pour mémoire — et chaque fois que l'occasion s'en présentera, éducation sensorielle.

2° Age de 16 à 18 ans (2e degré)

Durée : 45 minutes.

PSYCHOLOGIE

Evolutions;
Assouplissements scolaires;
[illegible] cylindriques;
[illegible] flexibles;
Petits jeux collectifs;
[illegible] sportives;
[illegible] respiratoires;
Grands jeux, récréation, éducation sensorielle.

RÉGIME.

I. Mise en train.

II. Leçon proprement dite complète (une application par famille et deux jeux collectifs).

III. Retour au calme.

LEÇON.

(Durée : 30 à 45 minutes.)

I. Mise en train :

Marche avec chant.

Bras et jambes. — Sur place, élévation des bras et écartement latéral, paumes en haut, avec fente fléchie en avant.

Jambes. — Élévation sur les pointes, flexion des membres inférieurs avec élévation des bras arrondis au-dessus de la tête.

Tronc. — En progressant, fente fléchie à fond avec élévation des bras étendus en ligne, rassembler en avant et continuer.

Respiration. — Respirer profondément.

Dissymétrie. — Circumduction des bras en sens opposé.

II. Leçon proprement dite :

1. *Marche*. — (Applications.) Marche allongée avec grand balancement des bras, marche normale. Marche rapide.

2. *Équilibre, grimper*. — Incliner le tronc jusqu'à l'horizontale en élevant une jambe tendue en arrière, les bras étendus latéralement dans cette position, décrire 5 cercles de 0m,50 de diamètre, les bras étendus. Même exercice de l'autre jambe.

Grimper à deux perches (bras et jambes).

3. *Course*. — (Application.) Relais 40 mètres, la classe divisée en deux équipes séparées chacune en deux groupes pour le passage du témoin.

4. *Lever, porter*. — (Application.) Les élèves étant groupées par trois, sauter à l'appui des bras tendus, les mains posées sur les épaules de deux élèves rapprochées. Changez !

5. *Sauter*. — (Assouplissement.) Sautillement, une jambe en avant, puis l'autre en arrière.

Application. — Saut sportif en hauteur, appel du pied gauche, ensuite du pied droit.

Jeu : la poursuite à cloche-pied.

6. *Lancer*. — (Application.) Les jeunes filles d'un rang cherchent à frapper à 10 mètres de distance leurs compagnes placées face au mur bras écartés. Changez !

7. *Exercices d'opposition* à l'écartement horizontal des bras.

III. Retour au calme :

Sautillement dansé en deux temps en balançant les deux bras à gauche et à droite.

Marche pas cadencé avec exercice n° 14, annexe III.

Marche lente avec exercices respiratoires.

Marche normale.

Observation importante. — Dans le courant de la leçon, l'élève exécute les exercices respiratoires chaque fois qu'elle en a besoin.

Par semaine : exécuter une ou deux séances de jeux sportifs et de grands jeux.

Pour mémoire : et chaque fois que l'occasion s'en présente : natation, éducation sensorielle.

ANNEXE II.

CERTIFICATS D'ÉDUCATION PHYSIQUE ÉLÉMENTAIRE ET SECONDAIRE DES JEUNES FILLES.

TABLEAU RÉCAPITULATIF DES ÉPREUVES.

Certificat élémentaire vers 13 ans.

1. Course de 30 mètres en 6 secondes.
2. Saut en hauteur avec élan ; 0 m. 80.
3. Saut en longueur avec élan : 2 m. 35.
4. Porter : 5 kilogrammes sur la tête.
5. Lancer (précision) : 2 balles à 8 mètres.
6. Équilibre : poutre cinq secondes sur un pied.

Certificat secondaire (1er degré) vers 16 ans.

1. Course de 50 mètres en 9 secondes.
2. Course de 400 mètres en 2 minutes.
3. Saut en hauteur avec élan : 0 m. 90.
4. Saut en longueur avec élan : 3 mètres.
5. Lever 15 kilogrammes à deux mains.
6. Lancer (précision) 2 + 2 balles à 10 mètres.
7. Exercices d'assouplissement combiné.

Certificat secondaire (2e degré) vers 18 ans.

1. Course de 50 mètres en 9 secondes.
2. Course de 400 mètres en 2 minutes.
3. Saut en hauteur avec élan, 0 m. 90.
4. Saut en longueur avec élan : 3 m. 25.
5. Lancer 20 kilogrammes à deux mains.
6. Lancer (précision) 2 + 2 balles à 12 mètres.
7. Exercices d'équilibre et d'assouplissement combiné (sur la poutre).

ANNEXE III.

A. Exemples de mouvements complets et continus.

Bien rythmer les mouvements. Assurer leur bonne exécution dans les différents plans avec le maximum d'amplitude. Conserver au corps sa souplesse. La raideur se manifeste par des mouvements secs et anguleux ; la souplesse par des mouvements arrondis, sans énergie perdue et mal utilisée.

EXERCICE N° 1. — *Élever les bras tendus horizontalement dans les différents plans verticaux.* — Élever les bras en avant, les abaisser. Élever les bras dans une position oblique (20°), les abaisser. Élever les bras dans une position oblique accentuée (60°) les abaisser. Élever les bras de côté. En abaissant les bras, les porter en adduction en arrière.

EXERCICE N° 2. — *Élever verticalement les bras étendus dans les différents plans verticaux.* — Exécuter les mouvements (comme n° 1) en portant les bras à la position verticale dans les différents plans.

EXERCICE N° 3. — *Élévation des bras étendus latéralement avec flexion et extension de la main, en souplesse — Position de départ : station droite, bras tendus le long du corps.* — Élever les bras tendus latéralement jusqu'à la position horizontale, les poignets souples et arrondis, les doigts allongés en souplesse, paumes des mains en dedans, face au corps. Étendre progressivement la main pour amener la paume en dehors et revenir à la position de départ en abaissant les bras, les mains reprenant progressivement leur position primitive à la fin du mouvement.
Même exercice avec bras fléchis.

EXERCICE N° 4. — Exécuter les exercices 1, 2, 3 en décrivant une suite de petits cercles (0 m. 50 de diamètre).

Exercice n° 5. — *Elever les bras latéralement, obliquement, en haut, avec flexion et extension de la main.* — Exécuter l'exercice comme n° 3 en élevant les bras d'un angle de 120 degrés.

Exercice n° 6. — *Elever les bras latéralement et en haut, avec flexion et extension de la main.* — Elever les bras par le côté comme n° 3 jusqu'à la position verticale, paumes des mains en dessous, les poignets très rapprochés, tourner les paumes des mains en dessus et abaisser les bras latéralement pour revenir à la position de départ.

Exercice n° 7. — Exécuter les exercices 3, 5 et 6 combinés avec des circumductions des poignets et des bras.

Exercice n° 8. — Elever la jambe étendue en avant, obliquement, latéralement, en arrière.

Exercice n° 9. — Elever le genou, mouvements circulaires du pied.

Exercice n° 10. — Elever le genou, en fléchissant le pied. Etendre la jambe et le pied en décrivant un cercle avec le pied. Exécuter le mouvement avec grande amplitude dans le plan antérieur, oblique et latéral.

Exercice n° 11. — Fléchir les avant-bras. Elever les mains fermées à hauteur et en dehors des épaules.

Abaisser les avant-bras dans le rang en les portant obliquement en arrière, mains ouvertes, épaules effacées.

Exercice n° 12. — Fléchir les avant-bras. Elever les mains fermées à hauteur et en dehors des épaules.

Etendre les bras à la position verticale, mains ouvertes.

Revenir à la première position et abaisser les bras dans le rang.

Exercice n° 13. — Exécuter l'exercice comme n° 12 en étendant les bras horizontalement en avant.

Exercice n° 14. — *Position de départ : bras latéraux, paumes des mains en extension.* — Lancer les bras horizontalement en avant, les doigts se touchant et les épaules complètement relâchées.

Effacer les omoplates en tirant les coudes horizontalement en arrière, les bras, les avant-bras et les mains à hauteur des épaules et, sans arrêt, ramener les bras à leur position initiale.

Exercice n° 15. — *Flexion et extension du tronc en souplesse.* — Fléchir lentement le tronc, jambes tendues, bras tendus le long du corps, les mains touchant le sol. Extension complète du tronc en portant les épaules en arrière. Abaisser les bras dans le rang en les portant obliquement en arrière et en bas.

EXERCICE N° 16 (1). — Couchée horizontalement et sur le dos, flexion et extension de la cuisse (des cuisses).

Élever les cuisses fléchies dans une position oblique, étendre les jambes et les abaisser lentement.

EXERCICE N° 17. — Même exercice que n° 16 dans une position plus oblique.

EXERCICE N° 18. — *Sur le dos :* élever les jambes croisées et les abaisser (placer alternativement la jambe gauche et la jambe droite en dessus).

EXERCICE N° 19. — *Sur le dos :* élever les jambes étendues, les abaisser en faisant décrire à chaque pied un cercle, les jambes restant étendues (décrire le cercle de droite à gauche et de gauche à droite).

EXERCICE N° 20. — *Sur le dos :* Soulever les jambes réunies en avant, les écarter latéralement, les réunir et les poser à terre (plusieurs fois).

EXERCICE N° 21. — *Sur le dos :* soulever les jambes étendues en avant, les porter réunies à droite, à gauche, les ramener en avant et les poser à terre (plusieurs fois).

EXERCICE N° 22. — *Mouvement continu et arrondi, bras fléchis, mains ouvertes en souplesse, à hauteur des épaules, coudes en bas :*

1° Avancer les épaules, tourner les mains, paumes en dehors, les joindre dos à dos, puis élever les coudes le plus haut possible, l'avant-bras et la main pendant naturellement et en souplesse. Basculer les bras en abaissant les coudes serrés contre le corps, les avant-bras verticaux et le plus en arrière possible, les omoplates fortement fixées en arrière, les mains fermées énergiquement à hauteur des épaules, les doigts tournés vers le corps.

2° Écarter les avant-bras en les abaissant latéralement par un mouvement arrondi en ouvrant progressivement les doigts, paumes en dessus, et en maintenant les épaules fixées en arrière.

3° Étendre complètement les bras obliquement en arrière et en bas, mains ouvertes en extension. Ramener les mains en avant, les poignets souples et continuer l'exercice sans arrêt, sous forme de mouvement continu.

EXERCICE N° 23. — Même exercice, mains à hauteur des oreilles, coudes en arrière.

1° Comme pour exercice n° 22.

---

(1) Les exercices n° 16, 17, 18, 19, 20 et 21 ne seront exécutés que par les jeunes filles ayant la tenue prescrite à l'article XVI, tenue.
On pourrait même les classer parmi les exercices à exécuter de préférence chez soi.

2° Basculer les bras en portant les coudes en arrière dans le plan des épaules, mains fermées énergiquement à hauteur des oreilles au-dessus des épaules, ongles en avant.

3° et 4° Comme pour exercice n° 22.

EXERCICE N° 24. — Même exercice, mains au-dessus de la tête, coudes en arrière.

1° Comme pour exercice n° 22.

2° Continuer sans arrêt l'élévation des avant-bras en tournant progressivement la paume des mains en dehors. Fermer énergiquement les mains au-dessus de la tête, les mains se touchant et les ongles tournés en dehors (bras arrondis), coudes dans le plan des épaules.

3° et 4° Comme pour exercice n° 22.

EXERCICE N° 25. — *Mouvement en spirale.* — Bras. Étendre les bras latéralement et décrire une spirale grandissante, r'apetissante.

EXERCICE N° 26. — *Mouvement en spirale.* — Jambes. Élever obliquement la jambe étendue et comme ci-dessus.

EXERCICE N° 27. — *Mouvement en spirale.* — Tronc. Étant en fente latérale tendue, décrire, avec le tronc pivotant autour des hanches, un mouvement de circumduction de plus en plus étendu et revenir en sens inverse à l'attitude droite.

EXERCICE N° 28. — *Cercle des bras fléchis.* — Dans le plan des épaules, décrire un cercle latéral d'un diamètre de 0m.50 à 0 m. 60.

1° Au-dessous des épaules.

2° A hauteur des épaules et de la tête.

EXERCICE N° 29. — *Mains aux épaules, extension des bras et des mains.* — Étant mains aux épaules, étendre les bras horizontalement en avant, mains relevées, paumes en avant, revenir mains aux épaules, étendre les bras latéralement, les mains paumes en haut, puis tournées en dehors en extension, doigts vers le sol. Revenir mains aux épaules, étendre les bras verticalement, les paumes tournées en haut, doigts en dehors.

EXERCICE N° 30. — *Mouvement horizontal en huit des bras étendus* (le plan horizontal peut être en bas, en haut, en avant, ou latéral). Décrire avec le bras et la main étendus, un large mouvement de huit, les deux boucles égales, en comptant « un » pour la boucle antérieure et « deux » pour la boucle postérieure.

EXERCICE N° 31. — *Mouvement vertical en huit des bras étendus* (le plan vertical peut être en avant ou latéral). Les bras étendus en avant, décrire une boucle au-dessus de la ligne horizontale en comptant 1, puis abaisser les bras à 2, en décrivant une boucle au-dessus).

Même exercice les bras de côté.

Nota. — Le mouvement peut avoir peu ou beaucoup d'étendue.

EXERCICE N° 32. — *Passer de la fente en avant fléchie à la fente en arrière fléchie, d'une façon continue.*

EXERCICE N° 33. — *Passer de la fente latérale gauche fléchie à la fente latérale droite fléchie, d'une façon continue.*

Nota, — Exécuter ces deux exercices sans bouger les pieds et en liant les temps 1 et 2.

EXERCICE N° 34. — *Inclinaison latérale du tronc du côté de la jambe étendue.* — Étant en fente tendue assez large : 1° fléchir la jambe droite, en fléchissant latéralement le tronc du côté gauche; 2° passer à la fente fléchie gauche en fléchissant le tronc à droite. Le mouvement se fait avec grande souplesse et d'une façon continue.

B. Observation importante.

Tous les mouvements de bras, *continus et arrondis*, décrits ci-dessus ne se font sur place qu'au début, dans la période d'étude, ou, en cas de mauvais temps, quand la leçon se donne dans une salle insuffisante pour les évolutions.

Mais, en principe, tous ces mouvements sont rythmés et doivent être exécutés suivant leur caractère, et, autant que possible, au grand air : 1° en marchant; 2° en courant; 3° en sautillant; 4° en dansant.

C. Exécution en musique.

Dès que les mouvements sont suffisamment connus, on peut, si l'on dispose d'un piano ou d'un instrument de musique, rendre la leçon attrayante, et lui donner un caractère artistique en demandant aux élèves de suivre le rythme musical accordé avec les allures nécessitées par les exercices : marche lente ou vive, courses, sautillements, danse.

D. Combinaison des exercices de marche, de bras et de tronc.

Les exercices décrits (n° 1 à 24) peuvent se combiner soit avec les équilibres, soit avec les flexions des membres inférieurs, les fentes et les mouvements du tronc.

ANNÉXE IV.

PETITS JEUX.

1° La chandelle (en position).

Les joueuses sont en cercle sur un rang (formation serrée). L'une d'elles porteuse d'un petit objet court autour du cercle, pose l'objet derrière une des joueuses.

Aussitôt que cette dernière s'en aperçoit, elle saisit l'objet et cherche à attraper sa camarade avant qu'elle n'ait rejoint sa place. Si elle est prise, la première coureuse fait chandelle, sinon la seconde continue à courir autour du cercle, pose l'objet derrière une autre joueuse et le jeu continue. Si la coureuse arrive à faire un tour et à reprendre l'objet qu'elle a posé derrière sa camarade sans que celle-ci s'en soit aperçue, cette dernière fait chandelle.

Nota. — Faire chandelle consiste à se placer au milieu du cercle, dans une position indiquée par l'instructeur. Celle qui fait chandelle est remplacée chaque fois qu'une nouvelle joueuse est prise.

2. Le chat et la souris.

Les joueuses en cercle sur un rang se tiennent par la main, les bras écartés. Celle qui est désignée comme «souris» tourne en dehors du cercle et frappe l'une des joueuses qui devient alors «chat». Celle-ci quitte son intervalle que ses deux voisines ferment en se rapprochant.

Le chat poursuit la souris à travers les intervalles où celle-ci a passé et, s'il l'attrape, devient souris; l'ancienne souris rentre dans le rang et la nouvelle choisit son chat.

Si, après le nombre de tours fixé par les joueuses, le chat n'a pas pris la souris, il rentre à sa place et la souris en choisit un autre, comme elle l'avait fait précédemment.

Observation. — Le nombre des joueuses ne doit pas dépasser 8 ou 10 de manière à faire courir toutes les joueuses pendant la courte durée du jeu (3 à 5 minutes).

3. Les coins.

On trace d'abord sur le terrain un polygone régulier de 4 ou 6 à 8 côtés (les coins peuvent être déterminés par des raies sur le sol, par des arbres, des vêtements, etc. Le nombre des joueuses est égal à celui des coins, plus une. Au signal donné, chaque joueuse occupe un coin, sauf la dernière arrivée qui se place au centre du terrain de jeu pour remplir le rôle de pot.

Dès lors, le « pot » observe attentivement les autres joueuses qui changent de place entre elles et passent d'un coin à un autre, soit à volonté, soit à un signal donné.

Le « pot » doit saisir une occasion favorable pour s'emparer d'une de ces places avant qu'elle ne soit occupée et lorsqu'il a réussi, celle qui a été dépouillée devient « pot » à son tour.

4. Le jeu se joue aussi sur un pied ou à pieds liés.

5. Les petits paquets.

(2 c'est assez, 3 c'est trop.)

Un nombre pair de joueuses se place en 2 cercles concentriques par petits paquets de 2 à 3 mètres d'intervalle, les numéros 1 à l'intérieur. Deux joueuses, l'une appelée « chasseresse » l'autre appelée « coureuse », restent en dehors du cercle. La chasseresse cherche à attraper la coureuse ; celle-ci peut se placer devant un des petits paquets devenant ainsi n° 1. L'ancien n° 2 qui est alors de trop devient coureuse. Si la coureuse est attrapée, elle devient à son tour chasseresse.

6. La chaise à porteurs.

Les joueuses au nombre de trois sont placées : deux se faisant face, les jambes fléchies, au besoin un genou à terre, la 3e tournant le dos, prête à s'asseoir sur la chaise. La chaise est constituée par les avant-bras saisis à hauteur de l'articulation : la première joueuse saisit avec son bras droit le bras gauche de la 2e qui saisit avec sa main gauche son propre bras droit, lequel saisit le bras gauche de la 1re joueuse ; celle-ci complète la chaise en saisissant son bras droit avec sa main gauche.

La 3e élève s'assied sur la chaise et enroule chaque bras autour du cou de ses porteuses. Celles-ci se redressent et marchent, courent, font demi-tour, à droite, etc.

Il existe différentes autres manières de porter une personne :

a) La porter seule sur son épaule, en la saisissant avec les deux bras sous le bassin.

b) La porter à deux en la saisissant : l'une sous les bras, l'autre par les deux jambes réunies saisies à l'articulation des genoux.

7. La poursuite (à cloche-pied).

L'éducateur désigne le chat, ce dernier court après les joueuses et celle qu'il attrape devient sa remplaçante.

Les joueuses doivent être toujours sur un pied.

Former des petits groupes et limiter le jeu.

8. Le chat malade.

Variété de la poursuite simple. La joueuse qui a été prise doit poser une main sur la partie du corps où elle a été touchée et poursuivre ses camarades en gardant cette position.

9. Le chat coupé.

Le chat nomme une joueuse à qui il donne 3 pas d'avance, puis se met à sa poursuite. S'il la prend, cette dernière le remplace.

Si une joueuse passe entre le chat et la poursuivie, le chat abandonne sa poursuite pour courir après celle qui vient de « couper » et cherche à la prendre.

10. Le chat perché.

Au cri de « la dernière perchée l'est » que pousse l'une des joueuses, celle qui reste à terre devient chat. Chacune se se perche comme elle peut, les pieds ne doivent pas toucher le sol.

Les joueuses changent de perchoir au commandement de l'éducateur. C'est pendant cette opération que le chat cherche à attraper sa remplaçante : toute joueuse perchée est sauvegardée.

Observation. — Former des groupes de 6 à 12 joueuses au maximum.

11. L'épervier.

On trace un camp à chaque extrémité du terrain dont on dispose (3o à 4o mètres de long sur 15 à 20 mètres de large pour 12 à 14 joueuses).

Deux joueuses appelées « pêcheuses » se placent entre les deux rangs et cherchent à prendre celles de leurs camarades qui passent d'un camp dans l'autre et appelées « poissons ».

Quand les pêcheuses crient « au large », les poissons sortent du camp et doivent passer dans l'autre. Si les poissons sont touchés avant d'avoir gagné ce camp, ils forment une chaîne (ou épervier) dont les deux pêcheuses occupent les extrémités; mais ces deux pêcheuses seules peuvent prendre et ce, à condition que la chaîne ne soit pas rompue.

La joueuse qui est sortie d'un camp ne peut pas y rentrer, elle doit gagner l'autre camp au risque de se faire prendre.

Les poissons peuvent forcer le filet en se jetant au milieu et en brisant une maille par la séparation des deux joueuses.

Les deux dernières joueuses prises deviennent pêcheuses dans la partie suivante.

Nota. — Le jeu peut ne comporter qu'une seule pêcheuse qui ne fait pas partie de l'épervier et prend les poissons à la sortie.

12. L'anguille.

L'éducateur trace sur le sol un cercle d'environ un mètre de rayon.

Une joueuse, les yeux bandés, se place au centre. Toutes les joueuses viennent à tour de rôle jeter dans le cercle leur mouchoir roulé en anguille, puis se placent en avant sur la circonférence.

Lorsque chaque joueuse a jeté son mouchoir, l'aveugle se baisse et saisit une des anguilles. La joueuse à qui appartient l'anguille saisie se sauve et doit aller toucher un but désigné d'avance et placé à environ 50 mètres. Chaque joueuse prend son mouchoir et cherche à frapper la coureuse avant qu'elle ne soit arrivée au but.

La coureuse devient aveugle et le jeu continue.

13. Pile ou face.

Les joueuses forment deux camps; celui des « piles » et celui des « faces ». On trace aux deux extrémités du terrain de jeu (30, 40, 50 mètres) un refuge pour chaque camp.

La directrice du jeu se place au milieu du terrain, les joueuses sur un rang, à droite et à gauche de la directrice en se tournant le dos et de façon que chaque camp se trouve du côté du refuge qui lui appartient.

La directrice du jeu ayant convenu d'un côté « pile » et d'un côté « face » lance en l'air un carton plat, un palet, une pièce de monnaie, etc. Si l'objet tombe du côté « pile » elle crie « pile »; si l'objet tombe du côté « face » elle crie « face ».

Au cri de « pile », toutes celles qui sont dans ce camp se mettent à courir vers leur refuge, situé à une distance variable avec l'entraînement des joueuses (10 à 15 mètres au début). Les joueuses du camp opposé se retournent, poursuivent celles du camp adverse et cherchent à les atteindre.

Quiconque est touchée est ramenée dans le camp de celle qui l'a faite prisonnière ou celle qui a été touchée ramène celle qui l'a touchée en la portant.

Même manœuvre au cri de « face ».

La partie est terminée quand toutes les joueuses se trouvent dans un camp; mais dans la séance de gymnastique, l'éducateur fait cesser le jeu quand il en juge la durée suffisante.

Dans ce cas, le côté gagnant est celui qui a le plus de prisonnières.

Les joueuses, au lieu de se tourner le dos au début de la partie, peuvent également se faire face, être à genoux ou couchées.

14. La navette.

Les joueuses se divisent en plusieurs groupes égaux. Chaque groupe est lui-même divisé en deux fractions égales, numéros pairs d'un côté, numéros impairs de l'autre. Ces fractions se forment en colonne à une distance de 20, 30, 50 ou 60 mètres et se font face.

Toutes les colonnes se placent parallèlement, leurs têtes à la même hauteur de chaque côté, séparées par un intervalle de 4 ou 5 pas.

Au signal de l'éducateur, la numéro 1 de chaque fraction court le plus vite possible vers le numéro 2 de la fraction correspondante à qui il remet un objet, le numéro 2 court aussitôt en sens inverse et va remettre l'objet au numéro 3 et ainsi de suite. Le groupe ayant épuisé le premier toutes ses coureuses a gagné.

Navette au brassard.

Comme le précédent, mais au lieu de remettre un objet, le numéro 1 part ayant un brassard ou un mouchoir noué au bras. Le numéro 2 doit défaire le brassard et l'attacher au bras du numéro 3 et ainsi de suite.

15. Le va-et-vient.

Les joueuses placées sur un rang ont déposé à leurs pieds 3 ou 4 objets. Sur l'indication de l'éducateur, elles tracent sur le sol, perpendiculairement à leur ligne de départ, 3 ou 4 petits cercles espacés de 1, 2, 3 mètres, puis elles reviennent à la ligne de départ.

Au signal de l'éducateur, chaque joueuse prend un objet et va le porter dans le premier cercle; elle revient chercher le second objet et le porte dans le second; elle fait de même pour les troisième et quatrième objets. Tous les objets étant placés dans les cercles, elle part les reprendre un par un pour les reporter à la ligne de départ. La première qui a fini le transbordement a gagné.

16. Relai.

Mêmes règles que pour la course de relais avec passage d'un témoin, mais dans un espace limité.

17. Le loup et l'agneau.

Le loup, désigné par l'éducateur, est en dehors du rang.

Les six joueuses placées à la queue-leu-leu se tiennent solidement par les hanches, la première est la gardienne, la dernière est l'agneau.

Au signal donné par l'éducateur, le loup cherche à saisir l'agneau, mais la joueuse de tête (gardienne) et les suivantes s'efforcent de l'en empêcher par des déplacements convenables.

Si le loup réussit à attraper l'agneau, il a partie gagnée.

Les trois joueuses (loup, gardienne et agneau) qui viennent de fournir un effort plus violent que leurs partenaires, se placent alors au milieu de la colonne des joueuses et le jeu continue avec un autre loup, une autre gardienne et un autre agneau.

Observations. — La joueuse de tête (gardienne) ne doit pas saisir le loup avec les mains ; elle peut écarter les bras. Ce jeu est très intense lorsqu'il est bien conduit, aussi sa durée doit être limitée (3 à 5 minutes).

Le loup doit être changé assez fréquemment, même s'il ne réussit pas à saisir l'agneau. Les joueuses doivent éviter de rompre la chaîne.

18. Pigeon-vole modifié.

C'est le pigeon-vole ordinaire, avec cette différence que chaque joueuse, au lieu de lever la main, exécute une rapide flexion des jambes et reprend immédiatement la station droite ou encore saute en hauteur ou en longueur, soit sur place, soit au-dessus d'obstacles disposés à l'avance.

L'éducateur dit : «Quand je frapperai une fois dans mes mains, tout le monde devra sauter, quand je frapperai deux fois, personne ne devra bouger, ou encore, quand je sifflerai une fois, tout le monde devra fléchir les jambes», etc.

Une pénalité est infligée suivant convention à celle qui commet une erreur.

19. Le coupe-jarret en cercle.

Une joueuse désignée appelée «trimeuse» dispose d'une corde de 2 à 4 mètres de longueur et terminée à une extrémité par un sachet de terre ou de sable.

Les autres joueuses (en nombre très variable) sont placées en cercle sur un rang à un ou plusieurs pas d'intervalle et face à l'intérieur.

La trimeuse placée au centre du cercle fait tourner la corde horizontalement à hauteur des jarrets des joueuses qui cherchent à éviter la corde par un saut en hauteur : toute joueuse qui arrête la corde remplace la trimeuse.

La corde est tenue obligatoirement par l'éducateur.

Le coupe-jarret en colonne.

Les joueuses sont placées en plusieurs colonnes de nombre égal. Dans chaque colonne, deux joueuses se détachent et se placent en avant et de chaque côté du numéro 1.

Au signal de l'éducateur, elles courent le long de la colonne en tenant chacune par un bout une corde ou un bâton que chaque joueuse est tenue de sauter.

Une des coureuses reste en queue de colonne pendant que l'autre revient rapidement en tête et continue le jeu avec l'aide du numéro 1 de la colonne. Le jeu continue ainsi en remplaçant chaque fois une coureuse.

La partie est gagnée par le groupe ayant fait passer le premier toutes ses joueuses comme coureuses.

DEUXIÈME SÉRIE.

20. La balle en posture.

Les joueuses sont placées en cercle ou sur deux lignes se faisant face à quelques pas d'intervalle. Une joueuse en possession d'une balle appelle une condisciple à haute voix et presque au même instant lui lance la balle. Si la joueuse interpellée manque la balle, elle est tenue de rester dans la position du geste accompli pour recevoir la balle.

21. L'esquive-ballon.

Les joueuses sont placées en cercle ; 3 ou 4 se placent à l'intérieur. Celles qui forment le cercle essaient, en lançant le ballon, de toucher une de celles de l'intérieur. Celles qui sont touchées sortent du cercle ; la dernière qui reste est déclarée vainqueur.

22. La balle au terrain.

Les joueuses (10 à 12) se divisent en deux camps assez éloignés qui, au début de la partie, se font face au milieu du jeu.

Une joueuse du camp désigné lance la balle dans la direction du camp adverse.

Une joueuse de ce dernier camp ramasse la balle et, de l'endroit où elle s'est arrêtée, la renvoie dans la direction du premier camp.

L'objectif est de toucher avec la balle la limite du camp opposé. Pour y arriver, il faut chercher à gagner du terrain à chaque jet. On peut arrêter la balle avant qu'elle ait touché terre, mais sans la saisir et en frappant seulement avec la paume de la main.

Lorsque la balle a touché terre, on peut l'arrêter avec le pied ou la main, pour l'empêcher de gagner du terrain.

Observation. — La balle ne doit pas être portée par une joueuse pendant plus de deux pas.

23. La balle au mur.
(Ou la pelote basque à main nue.)

Sur un mur sans fenêtre, presque uni, on trace à environ 1 m. 50 du sol une ligne horizontale et, si le mur est trop large, on trace deux limites verticales de 4 à 5 mètres. On peut jouer à 2, 4, 6 ou 10.

A deux, l'une des joueuses sert la balle au-dessus de la limite horizontale et entre les deux limites verticales.

L'autre joueuse l'attend et la renvoie contre le mur, soit avant qu'elle ait touché le sol (coup de volée) soit après un premier bond.

La première, à son temps, agit de même et renvoie la balle à son adversaire. Tout l'art consiste à faire commettre des fautes à son adversaire et à éviter d'en faire soi-même.

Les fautes consistent : 1° à manquer la balle ; 2° à la manquer soit de volée, soit après le premier bond ; 3° à la renvoyer contre le mur en dehors des limites tracées. Si les joueuses sont plus de 2, elles se divisent en deux camps égaux et occupent tout le champ de jeu.

La partie se joue en 10 ou 20 points, chaque faute comptant un point. Pour augmenter la difficulté, les limites verticales sur le mur peuvent être prolongées sur le sol, perpendiculairement au mur.

24. La balle au chasseur.

Le nombre des joueuses est quelconque. L'une d'elles, désignée par le sort est chasseresse. Elle se place en un point qu'elle choisit, puis, pour permettre aux autres joueuses de se disperser, elle lance la balle trois fois en l'air en la recevant chaque fois dans les mains. Elle peut alors la lancer sur une camarade, mais sans quitter sa place.

Toute joueuse atteinte devient le chien de la chasseresse et, comme cette dernière, elle a le droit de prendre la balle de la place où elle l'a ramassée.

La partie se termine quand toutes les joueuses sont devenues chiens.

A la partie suivante, le rôle de la chasseresse est exercé par celle qui a été faite chien la première dans le cours de la partie. Les joueuses qui n'ont pas été prises ont le droit de s'emparer de la balle et d'en frapper la chasseresse ou les chiens, mais il leur est interdit, sous peine de devenir chien aussitôt, de la saisir d'abord avec la main; elles doivent la placer entre les deux pieds, la faire sauter en sautant elles-mêmes et la recevoir dans la main.

25. Le chat suspendu.

Les joueuses, au signal donné, s'élancent vers les arbres, les perches, les cordes, les arêtes de mur, etc., et se suspendent par les mains, les aisselles, sans l'aide des pieds. La suspension se fera aussi par les avant-bras le long des poutres horizontales et des crêtes de mur.

(Mêmes règles que le chat perché.)

26. Les deux camps collectifs.

On trace sur le sol une ligne de chaque côté de laquelle se rangent les joueuses divisées en deux camps égaux.

A un signal donné, les adversaires s'efforcent de s'attirer réciproquement dans leur camp, prennent ou non le parti de celles qui les ont fait prisonnières.

Le jeu continue jusqu'à ce que toutes les joueuses d'un camp aient été attirées dans le camp adverse.

Pour être prisonnière, il est nécessaire que le corps tout entier ait franchi la ligne tracée sur le sol. On peut également admettre qu'il suffit qu'une partie du pied ait dépassé cette ligne.

27. Les chandelles empoisonnées.

Les joueuses en cercle sur un rang se tiennent par la main. A l'intérieur du cercle sont placées 4 ou 5 quilles. Par des tractions chaque joueuse essaie de faire renverser une des quilles par une camarade. Celle qui renverse une quille est éliminée. La dernière restée sera vainqueur.

Nota. — Les quilles peuvent être remplacées par un ou plusieurs petits cercles tracés sur le sol. Est éliminée celle qui met le pied dans un des cercles.

GRANDS JEUX ET JEUX SPORTIFS.

1. Les barres.

Le terrain choisi est le plus uni possible afin que les joueuses ne soient pas exposées à faire une chute dangereuse en courant.

Les joueuses se partagent en deux groupes égaux et de force aussi équivalente que possible. Les camps sont établis en face l'un de l'autre à une distance de 50 à 100 mètres ; chacun d'eux est délimité par un rectangle tracé sur le sol. Entre les deux camps, à une dizaine de pas de chacun d'eux, est tracée la ligne de sauvegarde.

Le sort désigne le parti qui doit le premier demander «barres».

Une joueuse de ce parti (camp n° 1) s'avance lentement vers le camp opposé jusqu'à la ligne de sauvegarde et demande barre contre une des joueuses du camp opposé (camp n° 2).

La joueuse ainsi provoquée se porte vers la provocatrice. Celle-ci porte deux légers coups dans la main de son adversaire qui s'apprête à s'élancer dès que le troisième coup sera frappé.

La joueuse du camp n° 1 fait semblant de frapper le troisième coup pour détourner l'attention de son adversaire, la touche enfin de la main et retourne à toute vitesse vers son camp, vivement poursuivie par la joueuse du camp n° 2. (On peut supprimer cette formalité et s'élancer vers la première coureuse aussitôt qu'elle a demandé barres.)

Dans les deux cas, dès que la poursuite a commencé, une des coureuses du camp n° 1 se porte au secours de sa camarade en cherchant à faire prisonnière la joueuse du camp opposé sur laquelle elle a «barres». Toute joueuse qui sort de son camp pour courir sur une adversaire qui a déjà quitté le sien est dite «avoir barres» sur cette dernière.

Une seconde joueuse du camp n° 2 sort à son tour, ayant barres sur la seconde joueuse du camp n° 1 et la poursuite continue ainsi jusqu'à ce que tout le monde soit rentré dans son camp ou que l'une des joueuses ait été faite prisonnière.

Une coureuse ne peut être faite prisonnière que par une adversaire qui a «barres» sur elle et qui la touche avec la main en criant «Prise». Tout le monde alors doit s'arrêter.

La prisonnière se rend dans le camp ennemi, se place à trois pas de la ligne de camp, étend le bras vers les siennes, attendant que l'une d'elles vienne la délivrer en la touchant de la main. S'il est fait plusieurs prisonnières, celles-ci se tiennent par la main et se placent sur la même ligne en avant de la première. Une joueuse qui touche la main d'une des prisonnières les délivre toutes.

La partie cesse lorsque l'un des camps a éprouvé des pertes telles qu'il ne puisse plus espérer délivrer ses prisonnières.

Le camp est un asile inviolable ; non seulement celle qui y entre ne peut être «prise» dans son enceinte, mais elle a le droit d'en sortir et de poursuivre à son tour celles qui la poursuivaient d'abord. Si une joueuse s'est trop avancée, on essaie de la «couper» dans sa course, c'est-à-dire de se mettre entre elle et le camp dont elle est sortie, alors on a barres sur toutes celles qui sont sorties depuis qu'on est sorti soi-même.

Une joueuse peut, pour échapper à une poursuite, se réfugier dans le camp de ses adversaires, mais ces dernières ont le droit de la prendre dès qu'elle sort.

Par les temps froids, l'immobilité prolongée des prisonnières après une course violente pourrait avoir des conséquences dangereuses pour la santé des joueuses. Il est préférable alors d'opérer comme il suit : les prisonnières sont rendues à leur camp, mais elles ne prennent plus part au jeu et la partie consiste à faire un certain nombre de prisonnières.

2. La balle au camp.

On trace sur le sol un rectangle (60 à 100 m. × 15 à 20 m.). On établit un camp A, puis 5 buts, espacés de 12 à 20 mètres sur la lisière de l'emplacement du jeu.

Les joueuses (15 à 20) sont divisées en deux camps placés sous le commandement d'un chef.

Le parti désigné par le sort occupe le camp ; les membres de l'autre parti, les « trimeuses », se dispersent en dehors et se postent d'après les indications de leur chef. Une des trimeuses sert la balle, c'est-à-dire qu'elle se place à cinq ou six pas devant la joueuse qu'elle désigne et lui lance la balle. La joueuse relance la balle de volée, puis sort du camp pour courir au premier but, puis au deuxième, etc. En effectuant son trajet, elle doit suivre attentivement la balle et les mouvements de ses adversaires, car si la balle a été promptement ramassée et que, lancée contre elle, elle vienne à la toucher pendant son parcours, son parti est perdu.

Si elle est menacée de trop près par une des trimeuses qui a reçu la balle, au lieu de parcourir d'une seule traite tout le trajet, elle a avantage à s'arrêter à l'un des buts ; elle lève alors le bras, crie « but » et est alors inviolable.

La balle est ensuite servie à une deuxième joueuse du camp qui court vers le premier but, les deuxième et troisième, etc., tandis que la première joueuse gagne les buts suivants jusqu'au dernier, si c'est possible. (Un but ne peut être occupé en même temps par deux joueuses ; les joueuses ne doivent pas se dépasser.)

Toutes les joueuses du camp courent ainsi leur chance tant qu'aucune d'elles n'a été atteinte pendant le trajet du camp à l'un des buts.

Les gardiennes du camp perdent la partie :

1° Si l'une des leurs est atteinte par la balle pendant qu'elle parcourt les buts ;

2° Si la balle qui a été servie est rattrapée à la volée par une des trimeuses ;

3° Si, en courant d'un but à l'autre, elle touche la balle avec la main quand elle est à sa portée, au lieu de la renvoyer avec le pied.

Dans le premier comme dans le troisième cas, les gardiennes du camp conservent le camp si une des leurs à pu toucher avec la balle l'une des trimeuses avant que celles-ci aient regagné les limites du camp.

Remarque. — Les trimeuses n'ont pas le droit de caler si elles ont fait plus de trois pas, ni de garder la balle en mains.

La gardienne du camp à qui la balle est servie ne peut envoyer la balle au delà des limites de la surface du jeu, ni derrière elle. Dans la pratique, il y a des ruses qu'il est bon de connaître. Ainsi, la joueuse du camp, au moment où elle s'apprête à relancer la balle qui lui est servie, peut paraître se préparer à un grand effort; dès lors, elle voit ses adversaires s'écarter et s'éloigner; aussi profite-t-elle de la circonstance pour ne toucher que faiblement la balle qui reste près du camp. La ruse contraire est également bonne. De plus, si elle lance la balle sur son trajet, elle peut pousser la balle, mais avec le pied seulement.

En règle générale, relancer la balle assez bas pour enlever aux trimeuses la chance de l'attraper de volée.

4. La grande thèque.

Ce jeu est une variété de la balle au camp; même nombre de joueuses; même division en deux camps. Le matériel comprend six chevilles de bois; un bâton ou une thèque de 0 m. 60 à 0 m. 80 et une balle de cuir ordinaire.

Au milieu du terrain de jeu (40 mètres sur 60 au maximum) on dessine un pentagone régulier de 6 à 10 mètres de côté. A chacun des angles, on plante une cheville marquant ce qu'on appelle les bases 1, 2, 3, 4, 5; l'intérieur du polygone s'appelle la « chambre ». Vers le milieu de cette chambre, une sixième cheville plantée en terre marque le « poste ». Le parti désigné par le sort occupe la chambre. Uue des joueuses se place sur la thèque à la base 1; une autre se met au poste pour lui lancer la balle. La première a le droit de refuser deux fois la balle, mais si elle la manque ou la refuse une troisième fois, elle sort. Dès que la batteuse a frappé la balle, elle lâche la thèque, court à la base voisine 2, la touche, puis, si elle en a le temps, touche successivement les bases, 3, 4, 5 pour revenir ensuite à sa chambre. (Elle ne retourne pas à la base 1.) Si elle réussit à faire cette ronde, son parti marque 5 points. Les trimeuses portées autour du pentagone se hâtent de saisir ou de ramasser la balle, soit de volée, soit après le bond et la lancent sur la batteuse. Si celle-ci est menacée de trop près, au lieu de parcourir d'une seule traite tout le trajet, elle s'arrête à l'une des bases, lève les bras et crie « but ». A partir de ce moment seulement, elle est inviolable, jusqu'à ce que la balle soit servie à nouveau.

Une deuxième batteuse opère ensuite de la même manière.

et pendant qu'elle court vers les bases 1, 2 etc., la première
joueuse gagne les bases suivantes jusqu'à la dernière si possible. On ne doit jamais être deux au même piquet ni se dépasser. Toute joueuse touchée par la balle pendant le parcours des bases sort aussitôt. Quand il ne reste plus que deux
joueuses dans la chambre, l'une d'elles a le droit de demander
«trois coups pour un rond», c'est-à-dire que, après avoir
frappé la balle, si elle arrive à faire le tour du piquet sans
être touchée, tout son camp rentre et recommence à tenir
le bâton.

Toute batteuse qui envoie la balle derrière elle sort du
camp. Un camp entier sort lorsque toutes les joueuses res-
tantes se trouvent aux piquets.

La thèque se joue habituellement en deux manches de
40 points, avec une halte, s'il y a lieu.

5. Le hockey.

(Voir les règlements sportifs en usage.)

6. Le ballon (mains et pieds).

On limite la surface du jeu par un rectangle tracé sur le
sol (10 mètres sur 50 environ) au milieu duquel on trace une
ligne. Les joueuses (10 à 50) partagées en deux groupes
égaux, se placent de chaque côté de la ligne du milieu.

Le but du jeu est de faire franchir au ballon par chaque
camp la ligne du but placée près du camp adverse.

Chaque but marqué compte un point. Le camp gagnant est
celui qui a le plus grand nombre de points à la fin de la
partie.

Une arbitre met le ballon en jeu, fait les rentrées en touche
et arrête le jeu lorsque le désordre se produit.

Elle règle l'intensité du jeu; elle l'étend en décidant :

Que le ballon sera joué avec les pieds et les mains;

Que le ballon sera joué avec les pieds seulement;

Que le ballon sera joué avec les mains seulement;

Que le ballon ne devra pas être porté, etc.

Ce jeu est très intense. Un éducateur compétent arrive très
bien à former peu à peu des joueuses d'association, en intro-
duisant une règle nouvelle à chaque séance.

7. Le volley-ball et le basket-ball (décrits ci-dessous), le tennis (voir les règles du tennis dans les règlements sportifs en usage), le canotage, la natation, la marche-promenade.

RÈGLES DU VOLLEY-BALL
ET DU BASKET-BALL.

(Extraites de la 3e Partie du Projet de Règlement général d'Éducation physique.)

I. — LE VOLLEY-BALL.

RÈGLES OFFICIELLES.

RÈGLE I. — Du terrain.

ART. 1er. — Dimensions. — Le terrain est un rectangle de 15 à 22 mètres de longueur sur 9 à 11 mètres de largeur. Il doit être horizontal. Si le jeu est joué à l'intérieur, la salle doit avoir une hauteur de 5 mètres et être débarrassée de tout ce qui pourrait gêner le jeu (agrès, etc.).

ART. 2. — Limites du terrain. — Les limites du terrain doivent être marquées par des lignes visibles, larges d'environ 6 centimètres. Un espace libre de 1 mètre doit être réservé autour du terrain. Les lignes de fond sont les lignes courtes, et les lignes de côté les lignes longues du rectangle.

RÈGLE II. — Du ballon.

ART. 1er. — Forme du ballon. — Le ballon doit être rond, d'une circonférence de 65 centimètres, peser environ 250 grammes. La vessie est en caoutchouc et l'enveloppe en cuir souple.

RÈGLE III. — Du filet.

ART. 1er. — Dimension et position. — Le filet doit avoir 1 mètre de large et être assez long pour couvrir toute la largeur du terrain, le partageant en deux parties égales. Le bord supérieur du filet doit être horizontal à 2 m. 40 du sol.

RÈGLE IV. — Des équipes.

ART. 1er. — Nombre de joueurs. — Une équipe réglementaire est composée de 6 joueurs. Pourtant, il peut y avoir un nombre illimité de joueurs, suivant la grandeur du terrain.

ART. 2. — Remplaçants. — Un joueur ne peut être remplacé que lorsque l'arbitre a sifflé pour arrêter le jeu. Le remplaçant doit se présenter à l'arbitre avant de prendre sa place.

RÈGLE V. — Des officiels.

Officiels. — Les «Officiels» sont : l'arbitre et deux juges de touche.

Nota. — Les devoirs des «officiels» sont indiqués aux règles XIV et XV.

RÈGLE VI. — Définitions.

ART. 1er. — **Place de chaque équipe.** — Chaque équipe reste dans les limites de son propre terrain.

ART. 2. — **Ordre de service.** — L'ordre dans lequel les joueurs doivent servir est appelé «ordre de service».

ART. 3. — **Rotation.** — Le changement de position des joueurs à la reprise d'un service est nommé «rotation».

ART. 4. — **Servir.** — «Servir» consiste à mettre le ballon en jeu. Le joueur dont c'est le tour de servir se place au coin droit de son terrain, les deux pieds derrière la ligne de fond, et frappe le ballon avec une ou deux mains vers le camp adverse.

ART. 5. — **«Points».** — Un «point» sera gagné par l'équipe servante si l'équipe qui reçoit ne renvoie pas le ballon selon les règles.

ART. 6. — **Service perdu.** — «Service perdu» sera annoncé par l'arbitre lorsque l'équipe servante ne gagnera pas de point ou n'aura pas joué selon les règles.

ART. 7. — Si un joueur touche le ballon quand celui-ci est hors jeu et en l'air, le ballon est considéré comme étant encore en jeu.

ART. 8. — **Hors jeu.** — Le ballon est «hors jeu» quand il touche une partie du terrain ou un objet en dehors des limites.

ART. 9. — Aussitôt le ballon «hors jeu», l'arbitre doit siffler et annoncer sa décision.

ART. 10. — Il est défendu de retarder le jeu inutilement.

ART. 11. — **Ballon tenu.** — Quand, au cours du jeu, un joueur conserve le ballon au lieu de le frapper immédiatement, le ballon est considéré comme tenu.

ART. 12. — Il est défendu à un joueur de frapper le ballon deux fois de suite.

RÈGLE VII. — Du jeu.

ART. 1er. — **Points.** — La partie est de 15 points.

ART. 2. — **Équipe gagnante.** — L'équipe gagnante est celle qui a gagné deux parties sur trois.

ART. 3. — **Équipe pas prête.** — Si une équipe n'est pas en position prête à jouer une minute après que l'arbitre a annoncé «en jeu», elle sera déclarée «forfait».

ART. 4. — **Forfait.** — Le forfait donnera un point à l'équipe non fautive.

RÈGLE VIII. — **Choix du terrain et du service,**

ART. 1er. — **Cours et service.** — Les capitaines joueront à pile ou face pour le service et le terrain. Le gagnant aura le droit de choisir.

RÈGLE IX. — **Servant et service.**

ART. 1er. — La mise en jeu est faite par le premier joueur de l'équipe servante.

ART. 2. — Chaque servant servira jusqu'à ce que l'arbitre annonce «service perdu». Les joueurs de l'équipe recevante avant de reprendre le service, feront la rotation, en avançant d'une place dans le sens des aiguilles d'une montre.

ART. 3. — Si dans le service le ballon touche le filet, n'arrive pas dans le terrain adverse ou touche un objet quelconque, le service est perdu.

ART. 4. — L'équipe perdant une partie aura le service pour commencer la partie suivante.

ART. 5. — Le servant se tient au coin droit de son terrain les deux pieds derrière la ligne de fond.

RÈGLE X. — **Comment jouer au ballon.**

ART. 1er. — Le ballon peut être frappé avec les deux mains, avec le poing ou la tête, dans n'importe quelle partie du terrain adverse, mais il ne doit pas toucher le sol, ni passer sous le filet, ni sortir du terrain.

ART. 2. — Le ballon peut être frappé par plusieurs joueurs de la même équipe avant de passer par-dessus le filet, mais aucun joueur ne doit le frapper deux fois de suite.

ART. 3. — Exception faite du service (voir règle IX, art. 3), si le ballon touche le filet et passe par-dessus, il est toujours en jeu.

ART. 4. — **Balles hors jeu.** — Si un joueur de l'équipe servante lance le ballon hors jeu, l'arbitre annonce «service perdu». Si le ballon est renvoyé hors jeu par un joueur de l'équipe recevante, l'arbitre annonce un point pour l'équipe servante.

ART. 5. — L'arbitre peut demander un second service s'il y a constestation sur le premier.

RÈGLE XI. — **Interdictions.**

Un joueur ne doit pas :

ART. 1er. — Se faire aider par un autre joueur pour lancer le ballon ou se servir d'un objet quelconque.

Art. 2. — Frapper le ballon deux fois de suite.

Art. 3. — Attraper et tenir le ballon.

Art. 4. — Dépasser le filet avec la main en frappant le ballon.

Art. 5. — Servir le ballon hors de son tour.

Art. 6. — Toucher le filet (Si deux joueurs d'équipes opposées touchent le filet simultanément, aucun point ne sera marqué, mais le même joueur servira encore le ballon).

Art. 7. — Entraver le jeu de l'adversaire en pénétrant sur son terrain.

Art. 8. — Parler aux « officiels ».

Nota. — Les capitaines seuls ont le droit de parler aux « officiels ».

Art. 9. — Retarder le jeu.

Art. 10. — Faire des observations ou commettre des actions susceptibles d'influencer les décisions des « officiels ».

Art. 11. — Adresser des remarques personnelles et désobligeantes aux adversaires.

Art. 12. — Rentrer en jeu après avoir été disqualifié ou renvoyé du jeu.

RÈGLE XII. — Pénalités.

Art. 1er. — L'arbitre annoncera « service perdu » chaque fois que l'équipe servante commettra une violation à la règle XI (art. 1 à 12).

Art. 2. — L'arbitre annoncera « un point » pour l'équipe servante chaque fois que l'équipe recevante commettra une violation à la règle XI (art. 1 à 8).

Art. 3. — Pour la première violation des articles 8 à 12 de la règle XI, l'arbitre a le droit de décider s'il y a lieu ou non d'infliger une pénalité ; pour la deuxième violation des mêmes règles, l'arbitre doit compter « un point » contre l'équipe coupable.

Art. 4. — L'arbitre a le droit de disqualifier pour violation des articles 11 ou 12 de la règle XI ou pour une violation persistante des articles 9 à 12, règle XI.

Art. 5. — L'arbitre déclarera « forfait » l'équipe refusant de jouer après qu'il aura annoncé « en jeu ».

RÈGLE XIII. — Des points.

Art. 1er. — L'équipe servante gagnera « un point » chaque fois que l'équipe recevante manquera de renvoyer le ballon selon les règles.

Règle XIV. — Service de l'arbitre.

Art. 1er. — L'arbitre est le premier «officiel» du jeu. Il décide quand le ballon est en jeu, quand un point est gagné, quand le service est perdu, et il inflige toutes pénalités qu'entraînent les violations des règles.

Art. 2. — L'arbitre a tout pouvoir pour prendre les décisions concernant les violations des règles, aussi bien durant le jeu que pendant les suspensions de jeu.

Art. 3. — L'arbitre tient le compte des points gagnés et son total seul sera officiel.

Règle XV. — Devoirs des juges de touche.

Art. 1er. — Les juges de touche se tiennent en deux coins diagonalement opposés du terrain et chacun se place de façon à bien avoir en vue une ligne de côté et une ligne de fond. Quand le ballon touche le sol, près des limites du terrain, le juge annonce «bon» ou «sorti». Le ballon tombant sur les lignes de fond ou de côté est considéré comme «bon».

Art. 2. — Les juges de touche donnent leur avis au cas où l'arbitre indécis le leur demande.

Art. 3. — Avant de commencer le jeu, les juges de touche reçoivent de chaque capitaine l'ordre de service de leur équipe, et veillent à ce que la rotation se fasse selon les règles ainsi que le service de chaque servant.

2. — LE BASKET-BALL.

RÈGLES OFFICIELLES (1921).

Le jeu. — Le jeu de basket-ball se joue par deux équipes de cinq joueurs chacune, qui se passent le ballon de l'un à l'autre. Le but de chaque équipe est de faire le plus de points possible, en lançant le ballon dans son propre panier et en même temps, d'empêcher l'autre équipe de s'emparer du ballon et de réussir un panier.

Règle 1. — Du terrain.

Art. 1er. — **Ses dimensions.** — Le terrain doit être rectangulaire (voir plan, figures 1 et 2) sans obstacles. Ses dimensions peuvent varier en largeur de 11 à 15 mètres, en longueur de 18 à 27 mètres.

Art. 2. — **Ses limites.** — Le terrain doit être limité par des lignes bien définies d'au moins trois centimètres de largeur. On appelle «lignes de côté» les lignes des côtés les plus longs, «lignes de fond» celles des côtés les plus courts. Le terrain doit être choisi de telle sorte que ces lignes se trouvent à au moins un mètre de tout obstacle.

Art. 3. — **Cercle du centre.** — Le cercle, de 61 centimètres de rayon (voir plan), doit être marqué visiblement au centre du terrain.

Art. 4. — **Lignes de lancer franc.** — Les lignes de lancer franc ont 61 centimètres de longueur et trois centimètres de largeur et sont tracées parallèlement aux lignes de fond et à 5 m. 24 de ces lignes.

Art. 5. — **Surfaces du lancer franc.** — Les surfaces de lancer franc sont limitées sur le terrain par des lignes perpendiculaires aux lignes de fond tracées à une distance de un mètre de chaque côté du milieu de ces lignes de fond. Ces lignes perpendiculaires se raccordent à une circonférence (voir plan) d'un rayon de deux mètres et dont le centre sera au milieu des lignes de lancer franc.

Règle II. — **Des panneaux** (fig. 1).

Art. 1er. — **Dimensions.** — Les panneaux qui supportent les paniers doivent avoir 1 m. 84 de largeur sur 1 m. 22 de hauteur. Ils sont en bois et peints en blanc.

Art. 2. — **Position.** — Les panneaux sont placés à l'intérieur du terrain de jeu à 61 centimètres du milieu des lignes de fond.

Art. 3. — **Place des spectateurs.** — Les spectateurs doivent se tenir à 1 mètre des limites du terrain.

Règle III. — **Des paniers** (fig. 2).

Art. 1er. — Les paniers sont constitués par des filets de corde suspendus à des cercles en fer de 0 m. 46 de diamètre. Les filets doivent être fabriqués de telle sorte qu'ils n'arrêtent que momentanément le ballon quand il passe à l'intérieur.

Art. 2. — Les cercles doivent être fixés solidement au milieu des panneaux à 0 m. 30 du bord inférieur. Ils doivent être horizontaux à 3 m. 05 au-dessus du sol et distants de 0 m. 16 des panneaux.

Règle IV. — **Du ballon.**

Art. 1er. — Le ballon doit être rond, en cuir, lisse ou avec côtes, avec vessie en caoutchouc. Il doit avoir de 75 à 80 centimètres de circonférence et peser de 570 à 650 grammes.

Nota. — Dans les matches de championnat l'équipe qui joue sur son terrain doit fournir un ballon neuf ou deux ballons ayant déjà servi.

Si des ballons usagés sont fournis, l'équipe adverse choisit celui avec lequel on jouera la partie et peut s'en servir pour

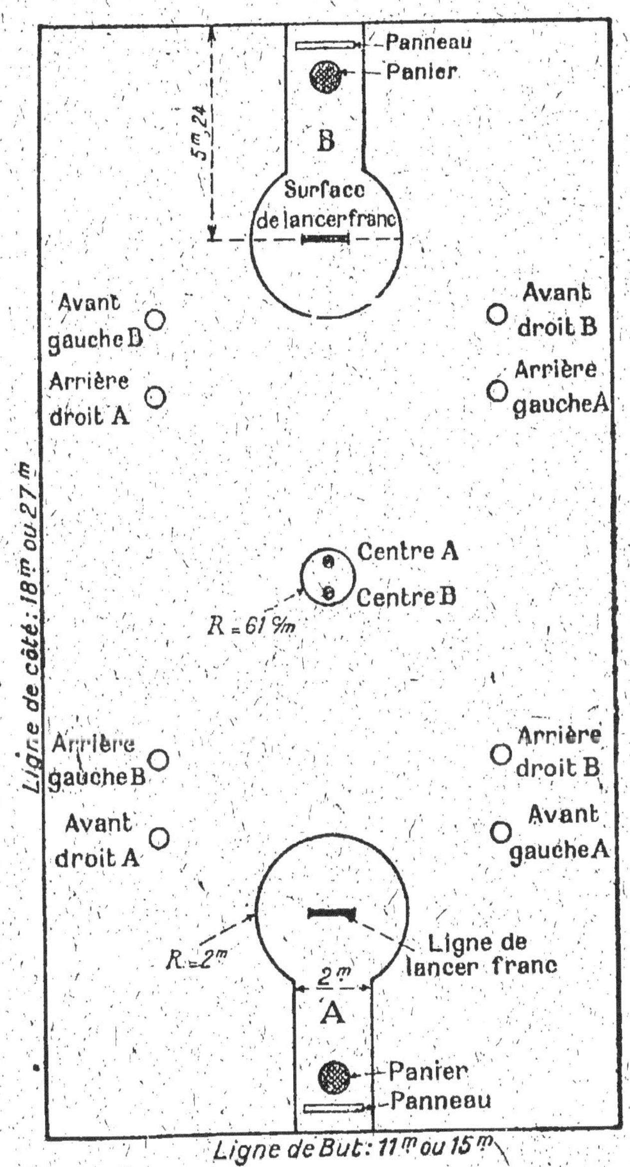

Fig. 1.

s'entraîner. Si un ballon neuf est fourni aucune équipe ne peut s'en servir pour s'entraîner.

Règle V. — Joueurs et remplaçants.

Art. 1er. — Chaque équipe comprend cinq joueurs dont un capitaine.

Art. 2. — **Le capitaine.** — Le capitaine est le représentant de son équipe et doit diriger et contrôler le jeu. Il doit avant la partie fournir aux marqueurs les noms, les numéros et les positions des équipiers et des remplaçants. Il peut seul

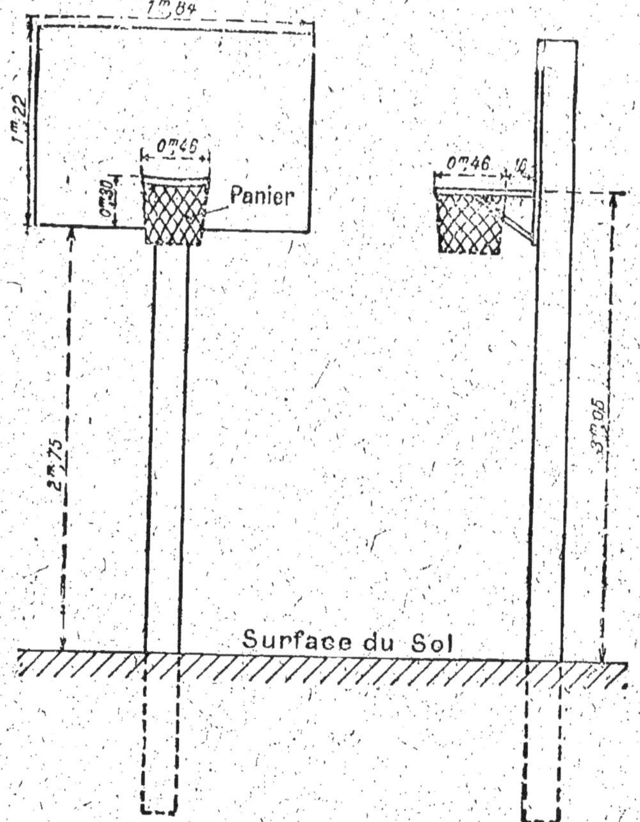

Fig. 2.

questionner un «officiel». Les autres joueurs n'ont cette permission que pour les raisons expliquées aux articles 3 et 5 de cette règle.

Art. 3. — **Remplacement.** — Pendant la partie, un remplaçant ne peut entrer sur le terrain que si le jeu est arrêté et avec la permission de l'arbitre. Ce remplaçant doit se présenter d'abord aux marqueurs et être reconnu par l'arbitre.

Art. 4. — Un joueur qui a quitté le jeu, sauf pour disqualification ou pour quatre fautes personnelles, peut rentrer en jeu une fois seulement.

Art. 5. — **Quitter le terrain.** — Un équipier ne doit pas quitter le terrain sans la permission de l'arbitre avant la fin de la mi-temps.

Art. 6. — **Numéros des équipiers.** — Tous les équipiers doivent porter des numéros d'au moins 16 cm. de haut sur le dos de leurs maillots.

Règle VI. — Rôle des officiels.

Art. 1er. — « **Officiels** ». — Les « officiels » sont : un arbitre, un juge, deux chronométreurs et deux marqueurs.

L'arbitre et le juge ne doivent pas avoir d'affiliation avec les équipes en jeu. Ils doivent porter une tenue distincte de celle des équipes.

Nota. — Les officiels n'ont pas le droit de changer les règles sauf les articles 1 et 2 de la règle I et l'art. 1 de la règle VIII.

Art. 2. — **Devoirs de l'arbitre.** — L'arbitre met le ballon en jeu, décide si le ballon est en jeu, ou mort, indique le camp qui doit refaire la touche, et annonce quand un but est fait. Il signale les fautes, inflige les pénalités, agrée les remplaçants et suspend le jeu quand il est nécessaire.

Quand le but est fait, il en annonce la valeur au marqueur. A la fin de chaque mi-temps il annonce à haute voix les résultats. Là se termine son rôle officiel.

Art. 3. — **Disqualification.** — L'arbitre doit disqualifier un joueur qui a fait quatre fautes personnelles ou un joueur qui a commis une seule faute disqualifiante.

Art. 4. — **Arbitre prend décision.** — L'arbitre a le droit de signaler des fautes pour conduite brutale et de prendre des décisions sur les points qui ne sont pas prévus dans ce règlement.

Art. 5. — **Décisions de l'arbitre et du juge.** — Ni l'arbitre, ni le juge, n'ont le droit de discuter les décisions prises par l'autre dans la limite de leur devoir respectif.

Si l'arbitre et le juge prennent des décisions simultanément sur le même fait, et si ces décisions appellent des pénalités différentes, la pénalité la plus grave sera infligée. Cette règle n'est pas applicable dans le cas d'une double faute (règle VII, art. 12).

Art. 6. — L'arbitre et le juge ont seuls le droit de prendre des décisions pour toute violation des règles, tant à l'intérieur qu'à l'extérieur du terrain, et de signaler les fautes personnelles. Dans ce dernier cas, ils doivent en informer de suite les marqueurs. Les fautes peuvent être signalées simultanément pour plusieurs joueurs à la fois.

Art. 7. — **Fautes.** — L'officiel qui signale une faute nomme celui qui l'a commise. Pour indiquer une faute personnelle, l'officiel lève le bras verticalement.

Art. 8. — **Accidents.** — L'arbitre doit suspendre le jeu en cas d'accident survenant aux joueurs et crier «arrêt». Le juge peut demander l'arrêt du jeu si un accident, que l'arbitre ne voit pas, se produit, mais l'arbitre seul a qualité pour suspendre le jeu.

Art. 9. — L'arbitre doit s'assurer de l'état du terrain, du ballon, des paniers, des panneaux et s'entendre avec les chronométreurs et marqueurs.

Art. 10. — **Devoirs du juge.** — Le juge signale les fautes commises par n'importe quel joueur; il surveille surtout les joueurs les plus éloignés du ballon. Il peut donner son opinion sur les ballons en touche, quand il en sera prié par l'arbitre, et faciliter l'observation de la règle XV, art. 9.

Art. 11. — **Devoirs des marqueurs.** — Les marqueurs enregistrent les buts et les fautes personnelles. Ils doivent distinguer sur leurs feuilles de matches les fautes personnelles des fautes techniques, et doivent prévenir immédiatement l'arbitre dès qu'un joueur a commis quatre fautes personnelles. Leur pointage sera le seul officiel. Ils doivent comparer leurs totaux après chaque but et toute différence doit être soumise à l'arbitre. S'ils négligent de la notifier immédiatement à l'arbitre, celui-ci doit décider en faveur du score le moins élevé, à moins qu'il puisse, en toute connaissance de cause, prendre une décision sans s'en rapporter aux marqueurs.

Les marqueurs doivent avoir une corne pour avertir l'arbitre.

Nota. — Le son de la corne des marqueurs n'arrête pas le jeu. Les marqueurs doivent distinguer les fautes personnelles des fautes techniques, comme suit : fautes personnelles, P. 1, P. 2, P. 3; fautes techniques, T. 1, T. 2, T. 3, etc.

Art. 12. — **Devoirs des chronométreurs.** — Les chronométreurs notent le commencement du jeu, déduisent le temps pendant lequel le jeu a été suspendu par ordre de l'arbitre et sifflent l'arrêt du jeu à la fin de chaque mi-temps. Au signal du chronométreur le jeu s'arrête instantanément, mais si le ballon est en l'air pour un essai au panier, au moment où le signal du chronométreur est sifflé, le jeu continue jusqu'à ce que le but soit gagné ou manqué.

Nota. — Les chronométreurs doivent se servir de la même montre placée de telle façon que tous deux puissent la voir.

Art. 13. — **Coups de sifflet.** — Les officiels siffleront chaque fois qu'ils auront à donner une décision.

Nota. — Il est recommandé aux officiels de se servir de sifflets de tons différents.

RÈGLE VII. — Quelques définitions.

Art. 1er. — **But gagné.** — Un but est gagné quand le ballon passe dans le panier par le haut.

Art. 2. — **Hors jeu.** — Un joueur est hors jeu lorsqu'une partie quelconque de son corps touche les lignes de fond ou de côté, ou le terrain en dehors de ces lignes.

Le ballon est hors jeu quand il touche les lignes de côté ou de fond, le terrain en dehors de ces lignes, ou un joueur qui est lui-même hors jeu.

Le joueur qui touche le dernier le ballon avant que celui-ci traverse les lignes est l'équipier qui met le ballon hors jeu.

Nota. — Quand les panneaux sont placés contre un mur, la face intérieure seule des panneaux est dans le jeu; si le ballon frappe le côté du panneau ou le mur derrière le panneau, il est considéré hors jeu.

Art. 3. — **Ballon tenu.** — Le ballon est déclaré «tenu» quand deux joueurs d'équipes opposées ont l'un et l'autre une ou deux mains sur le ballon, ou quand un joueur étroitement marqué par un équipier adverse conserve trop longtemps le ballon sans le jouer.

Art. 4. — **Suspension du jeu.** — Le jeu est suspendu par l'arbitre toutes les fois qu'il peut être régulièrement interrompu, sans que la durée effective de la partie soit réduite.

Art. 5. — **Faute.** — On appelle faute toute violation d'une règle, violation pour laquelle un lancer franc est accordé.

Art. 6. — **Ballon mort** — Le ballon est «mort» et le jeu est arrêté jusqu'à ce que le ballon soit remis en jeu de la manière indiquée par l'arbitre ;

a) Quand un but est fait (ballon remis en jeu au centre);

b) Quand le ballon est hors jeu;

c) Quand l'arbitre a déclaré «ballon tenu»;

d) Quand il y a suspension du jeu;

e) Quand il y a faute;

f) Après chacun des 2 lancers francs qui suivent une double faute (remis au centre);

g) A la fin de la partie;

h) Quand le ballon est arrêté dans les supports d'un panier (ballon remis en jeu au centre);

i) Après le premier des deux lancers francs qui suivent deux fautes faites par la même équipe;

j) Après un lancer franc irrégulier (ballon remis en jeu au centre) [Règle XIV, art. 7].

Nota. — Si pendant un lancer franc, le ballon est en l'air quand le signal est donné comme au paragraphe *d, e, g,* ci-dessus, le ballon n'est pas mort jusqu'à ce qu'il soit entré dans le panier ou qu'il l'ait manqué. Cependant si une faute est déclarée contre l'équipe qui fait un lancer franc, le ballon est mort au moment où la faute est commise et si le but est fait, il n'est pas valable.

Art. 7. — **Marcher.** — On appelle «marcher», progresser de plus d'un pas pendant qu'on détient le ballon.

Nota. — Un joueur qui est arrêté quand il reçoit le ballon peut avant de le relancer, soit à un partenaire, soit dans le panier, faire un pas dans n'importe quelle direction et alors sauter avec un ou deux pieds, mais, avant que son saut soit achevé, il devra avoir jeté le ballon.

Un joueur qui, ayant le ballon, change de position sans avancer de façon appréciable, n'est pas considéré comme ayant marché avec le ballon.

Un joueur qui est immobile lorsqu'il reçoit le ballon et veut dribbler peut faire un pas dans n'importe quelle direction, mais il ne devra plus être en possession du ballon lorsque son pied aura touché le sol.

Toutefois l'arbitre aura égard pour un joueur qui, courant, attrapera le ballon et s'arrêtera aussitôt qu'il le pourra.

Art. 8. — **Dribbler.** — On appelle «dribbler», lancer, rouler, faire rebondir le ballon et le frapper de nouveau avant qu'il soit saisi par un autre joueur. Quand le ballon est gardé dans l'une ou les deux mains, le «dribbler» cesse.

Nota. — Un joueur peut essayer un but après un «dribbler» régulier, et s'il réussit, le but lui sera compté. Les essais successifs pour faire un but ne sont pas considérés comme un «dribbler».

Art. 9. — **Tenir.** — On dit qu'un joueur est «tenu», quand un adversaire, par un contact personnel, le gêne dans la liberté de ses mouvements.

Nota. — En marquant un adversaire par derrière il en résulte souvent un contact personnel, cela est une faute. Les arbitres devront s'opposer à cette façon de jouer.

Art. 10. — **Bloqué.** — Un joueur est dit «bloqué» quand, n'ayant pas le ballon, un adversaire l'empêche de se déplacer.

Art. 11. — **Lancer franc.** — On appelle «lancer franc» le fait par une équipe de lancer librement le ballon dans le panier, par un des équipiers placé immédiatement derrière la ligne de lancer franc.

Art. 12. — **Double faute.** — Il y a double faute quand deux fautes sont déclarées simultanément contre les deux équipes.

Art. 13. — **Jeu retardé.** — Le jeu est retardé quand un joueur en gêne inutilement la progression.

Art. 14. — **Propre but.** — On appelle «propre but» le panier vers lequel une équipe lance le ballon.

Art. 15. — **Période supplémentaire.** — On appelle «période supplémentaire» la prolongation du jeu pendant cinq minutes en cas d'égalité de points.

Art. 16. — **Faute technique.** — Dans le cas où un joueur n'étant ni gêné, ni bloqué, ni tenu, commet une faute (marcher par exemple) il y a «faute technique».

Art. 17. — **Faute personnelle.** — On appelle «faute personnelle» : tenir, bloquer, donner un croc en jambe, pousser, charger ou jouer trop durement.

Art. 18. — **Faute disqualifiante.** — Un jeu brutal est considéré «faute disqualifiante». Le joueur doit être éliminé du jeu.

Règle VIII. — Mise en jeu.

Art. 1er. — **Mise en jeu.** — Le ballon est mis en jeu par l'arbitre qui le lance verticalement entre les deux joueurs des équipes opposées selon les règlements prévus aux articles 5 et 6 ci-après. La partie sera composée de deux mi-temps de 20 minutes chacune avec un intervalle de repos de 10 minutes. La durée de la partie peut être changée après agrément mutuel des deux capitaines. Si une faute est commise au moment où l'arbitre siffle l'arrêt du jeu, le temps nécessaire pour l'exécution du lancer franc sera accordé.

Nota. — Pour les joueurs de 14 à 18 ans, il est préférable de faire la partie en quatre quarts de 8 minutes avec une interruption de 2 minutes entre les premier et deuxième quart, et entre les troisième et quatrième, et de 10 minutes entre les deuxième et troisième quarts.

Pour les joueurs de 14 ans et au-dessous, ou pour les jeunes filles, les quarts de partie seront réduits à 6 minutes avec des repos de 3 minutes entre les quarts et de 10 minutes entre les moitiés.

Art. 2. — **Capitaines prévenus.** — Les capitaines sont prévenus trois minutes avant la fin du repos. Si une équipe n'est pas sur le terrain prête à reprendre le jeu dans un délai d'une minute après que l'arbitre a crié «en jeu» soit au commencement de la deuxième mi-temps, soit après une suspension de jeu, le ballon sera remis en jeu comme si les deux équipes étaient sur le terrain.

Art. 3. — **Choix des paniers.** — L'équipe invitée aura le choix du panier à la première mi-temps. Les équipes changeront de paniers pour la deuxième mi-temps.

Art. 4. — **Ballon lancé.** — Il est permis de lancer, frapper, faire rebondir, rouler ou dribbler le ballon dans n'importe quelle direction.

Art. 5. — **Ballon mis en jeu au centre.** — Le ballon sera mis en jeu dans le cercle du centre :

a) Au commencement de chaque mi-temps ;

b) Après la réussite d'un panier ;

c) S'il y a eu faute dans un lancer franc ;

d) Quand le ballon a été bloqué dans les supports du panier ;

e) Après le dernier lancer franc qui suit une double faute ;

De la manière suivante :

Les centres doivent avoir les deux pieds dans leur demi-circonférence, une main derrière le corps ou en contact avec le dos. Cette main doit rester dans la même position jusqu'à ce que le ballon ait été frappé par l'un ou l'autre de ces joueurs.

Les autres joueurs occupent une place quelconque dans le terrain à la condition de ne pas gêner l'arbitre ou les centres jusqu'à ce que ces derniers aient frappé le ballon. Si les autres joueurs gênent l'arbitre ou les centres, l'arbitre peut accorder une zone neutre aux centres, afin d'éloigner les autres joueurs.

Le ballon est lancé en l'air par l'arbitre dans un plan vertical perpendiculaire aux lignes de côté et passant par le centre du cercle.

Art. 6. — **Ballon frappé par les centres.** — L'arbitre siffle quand le ballon atteint son plus haut point et le ballon *doit être frappé* par l'un ou l'autre des joueurs du centre ou par tous les deux. Si le ballon touche le sol sans avoir été happé par un des centres, l'arbitre doit remettre en jeu dans les mêmes conditions.

Art. 7. — **Ballon remis en jeu.** — Quand l'arbitre lance le ballon entre deux joueurs autre part qu'au centre, les joueurs prennent la même position qu'au centre.

Art. 8. — **Fin du jeu.** — Le jeu se terminera au signal du chronométreur annonçant la fin du jeu. (Voir la note de la Règle VII, art. 6.)

RÈGLE IX. — Des points.

Art. 1er. — **Points.** — Un but fait du terrain compte deux points. Un but fait de la ligne du lancer franc compte un point.

Art. 2. — **Partie gagnée.** — La partie est gagnée par l'équipe qui aura compté le plus grand nombre de points.

Art. 3. — **Égalité de points.** — En cas d'égalité de points à la fin de la partie l'arbitre devra prolonger la partie d'une période de 5 minutes ou d'autant de fois 5 minutes qu'il sera nécessaire pour faire cesser l'égalité de points. A chaque période de 5 minutes, le ballon sera remis en jeu au centre.

Art. 4. — **Refus de jouer.** — Une équipe refusant de continuer à jouer après en avoir reçu l'ordre de l'arbitre est considérée comme ayant commis une violation aux règles du jeu.

Art. 5. — Après une violation aux règles du jeu, l'équipe non fautive marque 2 points.

Règle X. — Ballon hors jeu.

Art. 1er. — **Ballon hors jeu.** — L'arbitre annoncera chaque fois que le ballon sera mis hors jeu.

Il sera remis en jeu par l'un des adversaires du joueur qui a jeté le ballon hors jeu. Cet adversaire se tenant en dehors des limites du terrain, au point où le ballon a franchi la ligne, lancera le ballon à un de ses partenaires, le fera rebondir ou le fera rouler dans sa direction. L'arbitre désignera le joueur qui remettra le ballon en jeu, en choisissant celui qui se trouve le plus près de l'endroit où le ballon a franchi la ligne.

Nota. — Aucun joueur ne doit s'approcher de plus d'un mètre de celui qui relance le ballon en jeu. Si possible, tracer une petite ligne à l'intérieur du jeu, à une distance d'un mètre et parallèle aux lignes du jeu.

Art. 2. — **Ballon remis en jeu dans un cas douteux.** — Si l'arbitre ne peut déterminer quel est le joueur qui a mis le ballon hors jeu, il remet le ballon en jeu en le lançant entre deux équipiers adverses qui prennent la même position que les centres au début du jeu, mais dans un cercle imaginaire à un mètre de la ligne et perpendiculairement au point où le ballon est sorti.

Règle XI. — Suspension du jeu.

Art. 1er. — **Suspension du jeu.** — Le jeu est suspendu seulement par l'arbitre toutes les fois qu'il peut être régulièrement interrompu dans les cas suivants :

a) A la requête d'un capitaine pour cas de force majeure (chaussure délacée, etc.).

b) Si un joueur est blessé par accident peu grave, le capitaine a le droit d'obtenir une suspension de jeu et cette suspension ne sera pas notée si elle ne dépasse pas une minute.

Il ne peut y avoir plus de trois suspensions au cours de la partie.

La suspension ne peut dépasser deux minutes.

Art. 2. — Si un remplaçant prend immédiatement la place du joueur quittant le jeu, il n'y a pas «suspension de jeu». Dans ce cas, le ballon doit être lancé en l'air par l'arbitre

entre deux joueurs des camps en présence (dans chacune
des équipes le joueur choisi est celui qui est le plus rapproché
de l'arbitre). Cependant :

a) Si le jeu cesse quand le ballon est hors jeu on exécute
la remise en jeu prévue dans le cas de ballon hors jeu.

b) S'il y a une faute, le jeu est continué après un lancer
franc.

ART. 3. — Il y a suspension de jeu pendant l'exécution des
lancers francs qui suivent une double faute. (Règle VII,
art. 12.)

RÈGLE XII. — **Ballon tenu.** (Voir règle VII, art. 3.)

ART. 1er. — **Ballon tenu remis en jeu.** — Quand un
ballon est déclaré tenu, il est remis en jeu par l'arbitre qui
le lance entre deux joueurs. Ceux-ci prennent la même position que les autres au début du jeu, mais dans un cercle
imaginaire, à l'endroit où le ballon a été tenu.

ART. 2. — Si un ballon est déclaré tenu dans la surface du
lancer franc, derrière les panneaux ou sous les paniers, le
ballon est remis en jeu entre deux joueurs placés sur la ligne
de lancer franc.

RÈGLE XIII. — **Du lancer franc.**

ART. 1er. — **Comment jouer après une faute.** — L'arbitre, après une faute, place le ballon immédiatement sur
la ligne de lancer franc et accorde dix secondes aux joueurs
pour l'exécution du lancer franc.

ART. 2. — **Ballon au centre.** — Si le but est fait, le
ballon est remis en jeu au centre.

ART. 3. — **But manqué.** — Si le but est manqué, le
ballon continue d'être en jeu sauf :

a) Dans le cas d'une double faute, le ballon est mort après
le premier lancer franc, et après le deuxième lancer franc
le ballon est remis en jeu au centre.

b) Quand deux ou plusieurs lancers francs sont accordés
le ballon est mort après chaque lancer, sauf après le dernier.
Mais, si le dernier coup franc est manqué le ballon continue
à être en jeu.

RÈGLE XIV. — **Infractions aux règles et pénalités.**

Un joueur ne doit pas :

ART. 1er. — Lancer le ballon dans le panier quand le ballon
est mort.

ART. 2. — Pendant qu'il fait un lancer franc, toucher ou
traverser la ligne de lancer franc avant que le ballon ait

touché le panier ou le panneau, ni mettre plus de 10 se
condes, pour faire ce lancer.

Nota. — Le ballon est remis en jeu au centre, que le but
soit fait ou non.

Pénalité :

Si le but est fait il ne compte pas.

ART. 3. — Jeter le ballon hors jeu.

ART. 4. — Le ballon étant hors jeu, le rapporter à l'intérieur du terrain.

ART. 5. — Le ballon ayant été mis hors jeu, toucher le
ballon après l'avoir remis en jeu avant qu'un autre joueur
ait touché le ballon.

ART. 6. — Le ballon étant hors jeu, le tenir plus de cinq
secondes pour la remise en jeu.

Pénalité pour les articles 3, 4, 5, 6 :

La remise en jeu passe au camp adverse.

ART. 7. — Avancer dans la limite du lancer franc avant
que le ballon ait touché le panier ou le panneau, ou essayer
par un moyen quelconque de déconcerter ou de gêner le
joueur qui exécute le lancer franc.

Pénalité pour infraction à cette règle.

a) Par un joueur de l'équipe qui fait le lancer :

1° Si le but est fait, il ne compte pas ;

2° S'il est manqué, le ballon est remis en jeu au centre.

b) Par un joueur de l'équipe opposée à celle qui fait le
lancer franc :

1° Si le but est fait, il compte ;

2° S'il est manqué, un autre lancer franc doit être accordé.

RÈGLE XV. — Fautes et pénalités.

A. — FAUTES TECHNIQUES.

Un joueur ne doit pas :

ART. 1er. — Courir avec le ballon, le frapper avec le pied
ou le poing.

ART. 2. — Retarder le jeu :

En touchant le ballon après que celui-ci a été accordé à
un joueur du camp adverse dans le cas de ballon hors jeu ;

En quittant le terrain ;

Dans la mise ou la remise en jeu ;

En déplaçant la main placée derrière le dos quand le
ballon est lancé en l'air par l'arbitre, avant qu'il n'ait touché
le ballon de l'autre main, ou en violant les autres règles de
la mise en jeu ;

De toutes autres façons de jouer qui ne sont pas mentionnées dans les règles.

ART. 3. — Gêner un joueur qui remet le ballon en jeu en dépassant avec une partie quelconque du corps la ligne de côté ou celle de fond; à une remise en jeu sur la touche il ne doit pas toucher le ballon jusqu'à ce que celui-ci ait franchi la ligne de côté ou celle de fond.

ART. 4. — Passer le ballon à un autre joueur pendant qu'il fait un lancer franc. (Il ne doit pas manquer volontairement le panier dans le but de passer le ballon à un co-équipier.)

ART. 5. — Toucher le ballon ou le panier pendant que le ballon est sur le point d'entrer dans le panier ou en contact avec le bord dudit panier.

ART. 6. — Faire un second dribbling sans avoir passé au préalable le ballon à un autre joueur.

Nota. — Passer le ballon d'une main à l'autre n'est pas un dribbling à moins que le ballon n'ait été nettement frappé. Le ballon ne doit être frappé qu'une fois en l'air pendant un dribbling.

ART. 7. — Prendre place dans le jeu comme remplaçant avant que son entrée n'ait été enregistrée par le marqueur et acceptée par l'arbitre.

ART. 8. — Parler aux officiels et agir d'une façon incorrecte.

Pénalité pour infraction aux articles 1 à 8:
Un lancer franc.

ART. 9. — Il est interdit à l'instructeur ou à quelqu'un ayant des affiliations avec une des équipes, de conseiller les joueurs pendant le jeu.

ART. 10. — Personne ne doit marcher sur le terrain pendant la partie sauf avec la permission de l'arbitre ou du juge.

Pénalité pour articles 9 et 10.
Lancer franc. Une faute technique est portée contre le capitaine de l'équipe qui commet la faute.

B. — FAUTES PERSONNELLES.

Un joueur ne doit pas :

ART. 11. — Tenir, bloquer, donner un croc en jambe, charger ou pousser un adversaire.

ART. 12. — Jouer trop violemment sans nécessité.

ART. 13. — Charger ou entrer en contact avec un adversaire qui est l'un des deux joueurs tenant et se disputant le ballon.

Nota. — Les officiels peuvent prévenir les fautes en annonçant promptement « ballon tenu ».

Pénalité pour art. 11, 12, 13 :

Lancer franc. Une faute personnelle est portée contre le joueur commettant la faute. Un joueur qui fait quatre de ces fautes est éliminé du jeu *ipso facto*, sans aucun recours. L'arbitre peut disqualifier un joueur pour une seule des fautes prévues aux articles 11 et 12.

Art. 14. — Charger, pousser, tenir, bloquer un adversaire, lui faire un croc en jambe, ou entrer en contact avec lui quand cet adversaire essaie de faire un panier.

Pénalité :

Droit pour l'équipe adverse à deux lancers francs. Une faute personnelle est portée contre le joueur commettant la faute ; ce joueur peut même être disqualifié.

Nota. — Si le but est fait malgré la faute, il compte et les deux lancers francs sont aussi accordés.

Art. 15. — Être d'une brutalité volontaire et manifeste à l'égard d'un adversaire qui essaie de faire le panier.

Pénalité :

Droit pour l'équipe adverse à deux lancers francs, et l'équipier qui commet la faute est disqualifié.

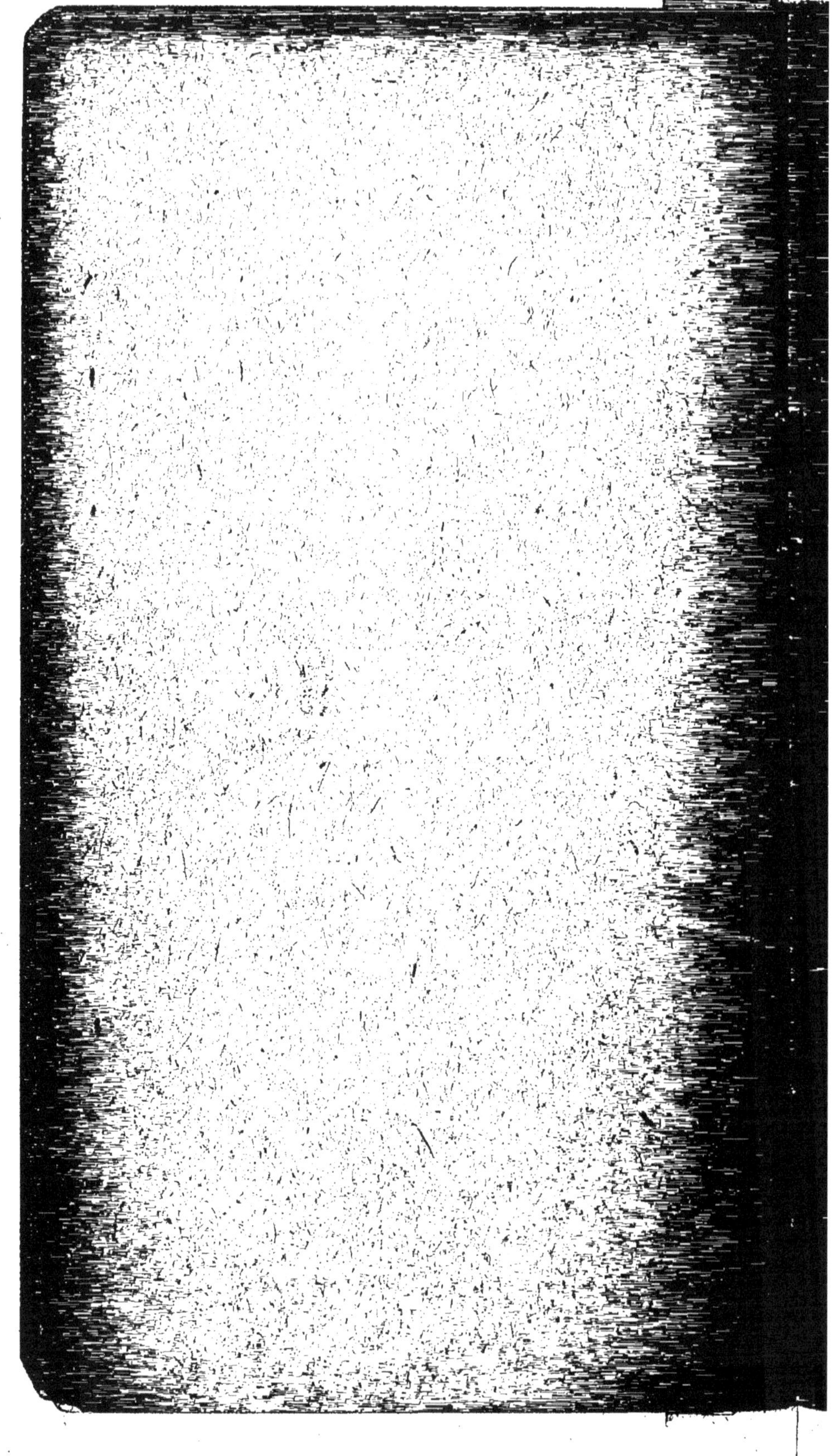

TABLE DES MATIÈRES.

ÉDUCATION PHYSIQUE SECONDAIRE.

(JEUNES FILLES DE 13 À 18 ANS.)

Pages.

CONSIDÉRATIONS PHYSIOLOGIQUES...................................... 5

CHAPITRE I. — BUT, PRINCIPES ET ORGANISATION DE L'ÉDUCATION PHYSIQUE ÉLÉMENTAIRE FÉMININE... 7

    But et principes.. 7

    Détermination des groupes homogènes............................... 7

    Certificat élémentaire d'éducation physique......................... 8

    Certificat secondaire d'éducation physique.......................... 8

    Classification des exercices et jeux................................ 9

    Applications... 10

    Exercices éducatifs.. 10

    Assouplissements.. 10

    Attrait des exercices.. 11

    Contrôle périodique... 11

CHAPITRE II. — PROGRAMME ET OBSERVATIONS RELATIVES À L'ENSEIGNEMENT... 11

    Programme... 11

    Emplacement... 12

    Tenue... 12

    Mise en train... 12

    Leçon proprement dite... 12

    Retour au calme... 12

    Qualités de la leçon complète...................................... 12

    Natation.. 13

    Éducation sensorielle.. 14

    Composition de la leçon complète.................................. 14

    Composition d'une séance d'études................................. 15

    Composition d'une séance de jeux.................................. 15

    Conduite de la leçon.. 15

    Hygiène corporelle.. 16

    Rôle de l'éducateur... 16

CHAPITRE III. — TABLEAU DES ÉLÉMENTS. EXEMPLES DE LEÇONS DU CYCLE SECONDAIRE... 17

    Durée de la leçon... 17

    But... 17

    Premier degré (13 à 16 ans). Programme et régime de la leçon... 17

	Pages.
Deuxième degré (16 à 18 ans). Programme et régime de la leçon	17
Retardataires	18
Tableau des éléments	18
Mise en train	18
Assouplissements	18
Mouvements combinés	20
Dissymétrie	20
Respiration	21
Leçon proprement dite	21
Marche	21
Grimper. Escalader. Équilibre	21
Course	23
Lever. Porter	24
Saut	25
Lancer	26
Exercices d'opposition	27
Petits jeux collectifs	27
Retour au calme	28
Grands jeux	28
ANNEXE I. — EXEMPLE DE LEÇONS	29
ANNEXE II. — CERTIFICATS D'ÉDUCATION PHYSIQUE ÉLÉMENTAIRE ET SECONDAIRE DES JEUNES FILLES. TABLEAU RÉCAPITULATIF DES ÉPREUVES	32
ANNEXE III. — EXEMPLES DE MOUVEMENTS COMPLETS ET CONTINUS	33
ANNEXE IV. — PETITS JEUX	38
GRANDS JEUX ET JEUX SPORTIFS	46
RÈGLES DU VOLLEY-BALL	51
RÈGLES DU BASKET-BALL	55

IMPRIMERIE NATIONALE. — 2027-638-1921.

9 782329 208978